JN328990

科学的管理の未来

――マルクス、ウェーバーを超えて

三戸　公［著］

未來社

科学的管理の未来

――マルクス、ウェーバーを超えて――

目次

第三章　科学的管理の世界　その1——レーニンとウェーバーの言説をめぐって——……一〇三

まえがき

二〇世紀の最大の出来事は何であったか。多くの人がまず頭に浮かべるのは、第一次そして第二次の世界大戦であろう。そして少し考えて、少なからぬ人が、ロシアに起こった社会主義革命が東西を二分する冷戦体制にまで発展し、世紀末には崩壊という事態を挙げるであろう。だが私は、二〇世紀の初頭においてF・W・テイラーによって創始せられた科学的管理の発展こそ、二〇世紀最大の出来事であり、その帰趨が問われるのが二一世紀であると考える。

科学的管理とは何であるか。これを論ずるに当たってまず科学的管理の成立と発展の場である資本主義社会の何たるかを、経済学の象徴的人物として取り扱われているロビンソン・クルーソーによって語らしめ、ついで科学的管理の象徴的人物としてシュミットを措定することによって、科学的管理を論ずる緒とした。

マルクスは、孤島で一人で明るく生き抜いたロビンソン・クルーソーに、資本制生産社会の奇怪さ、不思議さ、転倒性を生み出す物神崇拝性を白日のもとに曝け出す照魔鏡の役割を与え、資本制生産社会を自然法則の如くに貫く価値法則・資本法則を彼ロビンソンの眼で捉えなおすことを要請している。

そしてウェーバーは、熱い信仰に生き勤勉と禁欲に生きたロビンソン・クルーソーを資本主義成立の担い手として捉え、資本主義の発展とともに機能性の追求が抑圧性を増大させる組織を「鉄の檻」と表現し、ロビンソンの末裔たちはその中で信仰を喪失し組織の生み出す豊かさに酔い∧精神なき専門人・心情なき享楽人∨と化すとの運命を予言した。

二〇世紀が終り二一世紀に入ろうとしている現在、マルクスがロビンソンに托した役割は既に過去のものとして御用済みであろうか。そしてウェーバーが語ったロビンソンの末裔たちの暗い運命予言は果たして当たったのかどうか。この問題こそが、本書の問いであり、その問いに答えるものが科学的管理以外の何ものでもないことを論じたのが本書である。大塚久雄は、一書をもってマルクスとウェーバーを援用しつつロビンソン・クルーソーを資本主義の人間類型として論じ、多くの読者をひきつけた。だが、私がここでとり上げた問題すなわちマルクスがロビンソンに托した役割・ウェーバーのロビンソンの末裔たちの暗い運命については、積極的に取り上げることは無かった。

科学的管理とは何か。多くの人が科学的管理をテイラー・システムのことと把握している。それは、科学的に作業（動作と時間）研究をして、標準作業方法、作業時間にもとづいて一日の標準作業量たる課業を設定し、その課業を実施・遂行するシステムである。科学的管理の象徴人物として私はシュミットを取り上げるが、彼は科学的に設定されたプログラム・マニュアル通りに作業して、四倍の作業量をあげ一・六倍の賃金をもらった牡牛のような男である。そして、テイラー・システムを指す科学的管理はベルト・コンベアの流れ作業方式を基礎とするフォード・システムによって過去のものとされた。そしてまた、人間関係論の出現以来、科学的管理は∧機械モデル∨の組織観に立つ管理であるとされ、∧動機モデル∨に立つ組織観によって既に過去のものとなったと取り扱われている。

科学的管理の射程をもっと長く把握する見解もまた少なからず存在する。それは、テイラー・システムを成立せしめている原理・原則としてのテイラリズムを科学的管理であると把握するものである。ドラッカーは、科学的管理とは計画と執行の分離を原理として展開されている管理であり、これまでの管理の一切はこれに立っていると言う。そして、計画と執行の統合こそ真に人間的であり機能的な原理であり、分権制組織を提唱した。ブレイヴァマンは、計画と執行の分離こそ資本主義の根本原則であり、ドラッカーの言うところは社会主義にならないかぎり実現不可能と論陣をはっている。

私は、テイラーが自ら議会委員会で述べた「科学的管理とは∧対立から協調へ∨・∧経験から科学へ∨の精神革命である」という証言を、そのまま受けとる者である。こう把握したとき、テイラー以降の一切の管理の発展・一切の経営学の発展は科学的管理の発展と把握されることとなる。

科学とは何であるか、テイラーは次のように言う。収集し、分類し、分析し、法則・規則を発見し、それを形式化することである、と。形式化とは法則・規則を合目的的に適用したハードとソフトの技術化を意味し、作業＝仕事に関して言えばプログラム化・マニュアル化である。科学とは何か、あるいはその方法論は次々に新説を加えて論ぜられている。だが、現実において科学とはテイラーの言う技術に直結してゆく科学＝技術の科学であり、それが科学の支配的な流れである。科学は、対象と方法を限定する。対象を分解し、細分化してゆく。そして、数学を援用して全てを数値化し、序列化してゆき、そして処理する。

経営学は、科学的管理の成立・発展とともに成立・発展した。経営学は科学的管理の学である。それは人間の協働行為を対象とする。そこにおける科学はまず作業を対象とした。つづいて人間関係を科学の対象とし、経営社会学・経営心理学を特科させ、行動意欲・動機・リーダーシップを主内容とする行動科学を生んだ。更に、協働行為を構成する物的・人的諸資源を統一体として秩序づける組織が経営学の中心課題として対象化せられ理論化せられるに及んで経営学は組織を基礎的範疇とする学となり、環境を組織が自己を存続させる不可欠の要因として経営学の対象とした。そして、組織維持機能こそ管理であり、管理の中核は意思決定であり、意思決定の科学の成立とともに意思決定の決定前提としての情報が経営学の対象として意識化されるようになって来た。

かくして、経営学は経営経済学から管理の学、科学的管理の学となり、今や社会諸科学の中枢を占め、社会諸科学を現実の場においてこれを統合する最重要の学となった。社会諸科学にたずさわる人はもちろん、経営学者もまたほとんどこれを自覚していない。

ともあれ、以上のような科学的管理観に立って、最初に提起したマルクスがロビンソンに托した役割、そしてウェーバーのロビンソンの末裔の運命予言の問題に迫って行くのが本書である。

有り難いことに、マルクスの継承者レーニンはテイラーと同時代人であり、ウェーバーもまた同時代であり、さすがに科学的管理が二人の視野に納まらないはずはなかった。二人はともに「科学的管理を資本主義の最高の達成」と把えて、それぞれに自分の思想の重要な位置を占めるものとして取り上げることにより、諸多の科学的管理に関する言説を遙かにこえた洞察を示している。私は、この二人の科学的管理観を検討し、それをマルクスの思想と重ね合わせ、その異同を確かめる作業を通じて、科学的管理・経営学の意味を追求して行ったのが、本書の内容である。

なぜマルクス・ウェーバーの提起した問題を経営学＝科学的管理は超える可能性をもち、その現実性を実現する可能性をもつのかについて、一言しておこう。

経営学はテイラー・システムをこえて次々に新しい領域をきり開いて発展した。そのことは、先に述べた。だが、その主流をなすものは、テイラーの〈経験から科学へ〉の一本道をひた走る細分化・専門化・科学化の道を進むものであった。それは、目的合理性・機能性の追求に奉仕するものであり、経済人仮説に立つものであった。意思決定の科学の樹立によりノーベル賞を受けたサイモンは、意思決定の前提として価値と事実の二要因をあげながら、価値前提を捨象しなければ科学化は進まないとし、経済学人仮説を経営人仮説に洗練させた。環境もまた、経営目的の機能的達成に役立つ限りにおいて取り上げられているにすぎない、この主流をなす経営学＝科学的管理からは、マルクスもウェーバーも超えることは出来ないし、時代閉塞を脱することは出来ない。

テイラーは、科学的管理を〈対立から協調へ〉と〈経験から科学へ〉の二本柱とし、〈対立から協調へ〉「心からなる兄弟のような協働」、「労使の永久の繁栄」を目指さない単なる科学化を科学的管理と私は呼ばない、と言いきっている。私はこのテイラーの宣言に立つものを科学的管理の本流と称する。この流れに立つ者に、〈統合〉・〈全体状況の法則〉を説いたM・P・フォレットがいる。つづいて、全人仮説にたって、協働体系・組織・環境・管理を体系化したC・I・バーナードがいる。そして、人間の本性を自由＝責任ある選択と把え、自由と機能の両立する管理をガバナンス論として論じたP・F・ドラッカーがいる。この全人仮説に立つ経営学、統合・全体状況の法則に立つ経営学＝科学的管理に拠ってのみ、マルクス・ウェーバーを超えることが出来る。だが、言うまでもなく、それは個々の本流をなす巨人の言説の研究者・専門家になることではなく、巨人達の最も優れたところを現代の時代・現代という環境に生かすことである。

現代の超克は、自然環境破壊の危機的進行そして社会環境の不安・崩壊の危機的進行をもたらしつつあるものは人間の行為の意図した結果に伴う意図せざる結果の集積であり、求めた結果に伴う求めざる結果の集積であり、目的的結果がともなう随伴的結果の具体的・現実的様相である、というまことに平易極まりない認識に立つことである。たった一世紀にすぎない科学的管理の発展、すなわち人間の協働行為が日進月歩の科学化によって、驚異的に機能化せられ、厖大・巨大な目的的結果を人類にもたらした、同時にはかり知れない随伴的結果を意図せず求めずも生み出した。この随伴的結果をマルクスは物神性論疎外論をもって解き、ウェーバーは支配類型論をもって解いた。われわれは全人仮説に立って単純に目的的結果と随伴的結果との対概念で人間の行為を把え、意思決定を目的的結果に関する情報だけで行なう従来の単眼的管理をやめ、目的的結果とともに随伴的結果に関する情報をもって意思決定をなす複眼的管理に移行することを求める。パラダイムという言葉がある。この言葉をつくったクーンの意味において、随伴的結果・複眼的管理という考え方が多くの人々をとらえ共鳴者を生み、パラダイムとなるかならぬかに、未来はかかっている。「科学的管理の未来」と題する所以である。

二〇〇〇年五月三〇日

三戸　公

第一章　象徴としてのロビンソン・クルーソー

はじめに

経済学を学び始めてロビンソン・クルーソー(1)が経済学における象徴的人物であることをすぐに知った。『資本論』の第一巻・第一章第四節の「商品の物神的性格とその秘密」でのマルクスのロビンソンの取り扱いが頭に刻みこまれたのもその一つである(2)。その後、経営学を学ぶようになり、経営学におけるロビンソンに比べられるような象徴的人物は誰であろうかという問いはすぐに答えがみつかった。「ロビンソンが経済学の象徴的人物なら、経営学の象徴的人物はシュミットである」と。シュミットは、テイラー・システムないし科学的管理の創始者として、経済学の父アダム・スミスの位置を経営学において占めるF・W・テイラーの主著『科学的管理の原理』において登場して来る人物である。

ウェーバーも読むようになり、彼が『プロテスタンティズムの倫理と資本主義の精神』他でロビンソン・クルーソーを登場させ、彼に独自の役割を担わせているのを知った。言うまでもなく、ロビンソンに対するウェーバーの取り扱いはマルクスのそれとは異なる。そのウェーバー的視座からするロビンソンの象徴性の視界にシュミットを入れたとき、なおシュミットは経営学における象徴性を失わないことも確認した。

ロビンソンとシュミットによって、経済学と経営学の違いがどこまで出せるか、経営学はシュミットを通じてマルクスとウェーバーをどれ程語ることが出来るか、経営学はシュミット一人によってのみ自己を語らしめることが出来るか、といったように問いに迫ろうとしているのである。

マルクスもウェーバーもそれぞれの芝居の大事な一場面で名優ロビンソン・クルーソーをチラリと登場させたにすぎないのに対して、大塚久雄はロビンソンを主役とした芝居『社会科学における人間』(岩波新書)を書いたのである。大塚が主役として仕立て上げたロビンソンを取り上げないわけにはいかない。大塚はそこに立ってマルクスおよびウェーバーの経済学・社会学を論じ、ロビンソンを中心にして論じた人間類型論の意義を「展望」として結んでいる。果たして、大塚はマルクス・ウェーバーにどこまで迫り更に超えるものを打ち出しているかどうか。この作業をしないではすまない。結論から先に言えば、大塚の射程はマルクス・ウェーバーに学び、そこから出発しながら、マルクス・ウェーバーの射程の半ばに達しているかどうか。

巨人たちにはどんなに逆立ちしたところで適いっこない。後世の書家がどんなにもがいても王羲之や顔真郷に及ばない。だが科学の世界の旅人は、先人の行きついたところから出発し、一歩でも二歩でも先きに進まねばならない。社会科学にとっては先人の時代および問題意識と達成を学びながら現在を生きる問題状況と問題意識には自ずから異なるものがあろう。現在もなお、マルクス・ウェーバーの強弓から放たれた射程にあるが、激動の一世紀後の吾々は現在に立ち弓をとらねばならぬ。大塚の矢は、マルクス・ウェーバーの射程の半ばに無残に落ちている。この『社会科学における人間』という仕事に関する限りは。だから、ロビンソンの経済学における象徴性を見定める作業においては、大塚を取り上げる必要はなかったのである。あえて、大塚を取り上げることによって長くなったこの稿を活字にするのは、日本における社会科学というものがいかなるものか、その大きな特徴をはっきりさせることになろうからである。日本の代表的社会科学者をおとしめる意思はない。そのように受けとられかねない筆致がないわけではないが、大塚久雄をして日本の社会科学の何たるかを語らしめることにより、自嘲ではなく自戒としたいとの思いにほかならない。その意味からすれば、拙稿の誤りを御教示いただければ、まさにこれにすぎるよろこびはない。だがその事より、大塚と対比させることによってマルクスとウェーバーのロビンソンが一層鮮明につかみ出せたとすれば、ロビンソンに対比して論究されるシュミットはより性格のはっきりしたものとなるはずである。

（1）　ここで取り上げられているロビンソン・クルーソーは、ダニエル・デフォーの『ロビンソン・クルーソー』（Daniel Defoe : *The Life and strange Adventures of Robinson Crusoe*, 1719（平井正穂訳、岩波文庫版）である。M・グリーン『ロビンソン・クルーソー物語』（Martin Green : *The Robinson Crusoe Story*, 1990、岩尾龍太郎訳、みすず書店）によれば、デフォー以前にも同型の物語り（アレクサンダー・セルカークの一七〇四から四年四ヶ月におよぶ漂流生活にもとづいた）が少数あり、デフォー以後にも多数のロビンソン物語りがある。ロビンソンは時代と思想の変化に応じて成長しており、そのメタ・レベルのロビンソンを主題としてこの本は書かれている。

（2）　ロビンソンが経済学において象徴的人物であるということ、近代社会の象徴的人物であるということとは、早くから無意識的に頭に入っていた。それは私にかぎらないであろう。子供のころ児童用の版を二、三読んでいる。岩波文庫版（一九六七）を手にしたのは今回がはじめてであるが、訳者は「合理的な行動と敬神の念を武器に」とか「合理的人間性格であるく経済人この見事な人間像」などと解説しているが、大塚久雄の『近代化の人間的基礎』筑摩書房一九六八年以前の業績でも参考にしたのであろうか、それとも既存のジャーナリスト・デフォーと重ねたロビンソン研究に依ったのであろうか。

一　マルクスにおけるロビンソン・クルーソーの象徴性

孤島に漂着しそこで充実した生活を築き上げたロビンソン・クルーソーは、古典派経済学の成立とともにこの学問の象徴的人物としても取り扱われ、現在に及んでいる。

経済学は財の生産・流通・分配をめぐる人間の学であり、この学問が成立するのは財が商品として生産され、それが貨幣によって売り買いされる市場経済・資本主義経済に入ってからである。貨幣とは何であるか。貨幣は商品価値の象徴＝シンボルであり、だからあらゆる商品と交換することが出来るのである。そして商品の価値の貨幣表現が価格である。価格現象が経済現象である。では商品の価値とは何であるか。この問いに答えることが、経済学の出発点であり、基礎である。経済学は価値とは何であるかをどう答えるかによって、その基礎の上に築き上げられる全体像・その性格・その有効性は違って来る。

この貨幣とは何であるか、商品の価値とは何であるかの問いに答えるのに、最適の人物として古典派経済学はロビンソン・クルーソーを登場させたのであった。古典派経済学を学び一橋大学の経済学の基礎を大きく据えた福田徳三の文章（福田徳三『労働経済講話、坤巻』八〇四〜八〇五頁）をその代表例として、ここに引用しよう。

「ロビンソン・クルーソーの一例

今日の貨幣経済に於ては、事柄が大分込み入って居って、一寸分からない場合も多くありますが、例えばロビンソン・クルーソーの場合を考えて御覧なさい、直ぐ事理明白となります。クルーソーはその生計を維持する為に色々なものを要しましたが、天は其等の物を只でクルーソーに与えません。クルーソーは毎日毎日色々な工夫を施して孜々として働いて其等の必要品を得たのです。即ち彼は他の人間から物を買うという便利は有って居ませんでしたが、天然と云う相手に対し、労働と云う代金を支払って、種々な品物を購った訳にあたるのです。空飛ぶ鳥を射落して食料とするのは、鳥を射ると云う労働を代金として天然に与えてその鳥を買ったも同じです。山に入って清水を汲んで来て之を飲むのは、水汲みと云う労働を代金として水を天然から買い取った訳です。

今日の生活も理は同じ。

我々現在の生活に於ては全然無代価で得られるものは甚だ鮮いのでありまして、大抵な者は大なり小なり何分かの代価を払わなければ得られないものです。斯く代金として支払うものの内最も初めに用られたものは貨幣でなくして労働であります。是がアダム・スミスが労働を以て最原始の購買金なり、貨幣なりと申したことの真意であります。」

商品価値の内実を労働と把握し、それにもとづいて経済学の体系をつくり上げたアダム・スミス、そして労働価値説それ自体とそれに立った経済理論を精緻化したD・リカードと続く古典派経済学。この古典派経済学を徹底的に吟味し、労働価値説およびそれに立つ経済学をもうこれ以上は考えられぬというところまで考えつくし、論じきったマルクス。このマルクスが彼の主著『資本論』の中で、ロビンソン・クルーソーに関説している箇所がある。これを引用しよう。(マルクス『資本論』、河出書房版、第一巻、六〇〜六一頁。)

「経済学はロビンソン物語を好むから、まずロビンソンの島の生活を見よう。生来つつましやかではあるが、それでも彼はさまざまな種類の欲望を充たさなければならぬのであり、したがって、道具をつくり、家具をこしらえ、騾馬をならし、魚貝をとり、狩猟をするというような、さまざまな種類の有用的労働をなさねばならない。祈祷やこれに類することは、ここでは問題にしない。というのは、わがロビンソンはそれに悦びを見いだし、こうした活動を気ばらしと考えているからである。彼の生産的機能はさまざまであるが、彼は、それらの機能が同じロビンソンのさまざまな活動形態にほかならず、かくして人間的労働のさまざまな様式にほかならぬことを知っている。彼は、必要そのものに迫られて、自分の時間を自分のさまざまな機能のあいだに正確に配分する。彼の総活動において、どの機能がより多くの範囲を占め、どの機能がより僅かの範囲を占めるかは、所期の有用的効果を達成するために克服されるべき困難の大小によって定まる。経験が彼にそれを教える。そしてわがロビンソンは、時計と台帳とインキとペンとを難破船から救いだしているので、りっぱなイギリス人らしく、やがて、自分自身のことについて帳簿をつけはじめる。彼の財産目録には、彼が所有するもろもろの使用対象や、それらの生産に必要なさまざまな仕事や、最後には、これらのさまざまな生産物の一定分量のために平均的に要費する労働時間やの、明細書きがある。ロビンソンと彼の手製の富たる諸物とのあいだの一切の連関は、このばあい極めて簡単明瞭であって、M・ヴィルト氏でさえ別に頭を痛めないで理解しえたほどである。にもかかわらず、この連関のうちには、価値のいっさいの本質的な規定が含まれている。」

マルクスは彼の全生涯をかけた一冊の書『資本論』一八六七を、スミスの『国富論』——原題 *An Inquiry into the Nature and the Causes of the Wealth of Nations*, 1776 をまさに承けて、周知のように書き起こしている。「資本制生産様式が支配的に行われる諸社会の富は、〈膨大な商品の集成〉として現象し、個々の商品は富の原基形態として現象する。だから、われわれの研究は商品の分析をもって始まる。」そして、第一章・商品は、第一節、商品の二要因、使用価値と価値、第二節、商品で表示される労働の二重性。第三節、価値形態または交換価値と展開され、以上の商品論・価値論を論じた上で、角度をかえ、さらに文学的というか神学的というか「商品の物神的性格とその秘密」と題する第四節が付け加えられている。さきの引用文はこの第四節の中からのものである。

マルクスは、ロビンソンの生活すなわち、彼のもつ諸欲求の充足とその為に必要とする諸物＝富＝労働生産物との間の一切の連関は極めて簡単明瞭であるが、この連関のうちに価値の一切の本質的規定が含まれている、と言いきっている。人間は諸欲求をもち、それを充足させて生きてゆく。欲求を充足させる有用物が使用価値である。だが、単なる有用物＝使用価値は富ではなく、それは商品たりえない。富はロビンソン＝人間が労働して自然から獲得し、自然素材を加工してつくり出した労働生産物である。この労働なくしては、ロビンソンも多数の人間からなる社会も生きながらえることは出来ない。富、資本制生産社会の富たる商品は有用物であると同時にロビンソンの生産物たると同じ性格をもつ。すなわち使用価値と労働をその内実とする価値という二重性を商品はもつ。そして、価値の大きさは、有用物を獲得し作り出すための困難の大小による平均的な所要時間によって決まる。個人のロビンソンの島での生活を多数の人間からなる社会の経済に拡大してみれば、富・商品の何たるか、価値の本質は一目瞭然ではないか。ロビンソンは孤島の孤独な生活だから、いろいろの有用物たる富を比較較量することはあるが、交換することはない。多数の人間の生きる社会、市場経済の社会では富は商品となり交換される。商品は有用物であるとともに交換価値＝価値となる、とマルクスは言っているわけである。

なお付け加えるならば、マルクスはロビンソン・クルーソー物語を労働価値説の説明・展開のためにのみ使っているのではない。さきにも言ったように、この引用文は「商品の物神的性格とその秘密」の節にある。その文脈からの意味をも述べておかねばならない。(1)

さきの引用文にすぐ続くパラグラフは次のように始まる。

「さてわれわれは、ロビンソンのあかるい島から、くらいヨーロッパの中世に眼をうつそう。ここではわれわれは、独立する人のかわりに、誰も彼もが依存しあっているのを見いだす、——農奴と領主、家来と諸侯、俗人と僧侶。人格的依存が、物質的生産の社会的関係を、そのうえに築かれた生活領域とまったく同じように性格づけている。だがまさに、人格的な依存関係が与えられた社会的基礎をなすゆえにこそ、労働および生産物は、それらの現実性と異なる幻想的姿態をとる必要がない。……」その次のパラグラフは、自給自足的な農民の家父長制的家族の性別・年齢別の労働と消費の生活が描かれ、最後に生産手段を共有し自覚的に労働する自由人の社会を描き、「この場合にはロビンソンの労働にかんするすべての規定がくり返されるのであるが、ただそれは個人的にではなく社会的にであると論じている。

マルクスはここで、資本制生産社会以外の生産と消費の完結したいくつかの現実（過去）のそして予想の未来のタイプをとり上げ、そこにおける労働と富とをめぐる人間諸関係の可視的明瞭性をそれぞれに述べているのである。そうすることによって、有用物＝富が同時に交換価値＝価値である商品として生産され、価値＝市場価値を目当てに生産される社会、価値の結晶物たる貨幣を中心に動く社会、すなわち資本制生産社会の不可視性・神秘性・その社会が人間に対してもつ不可抗力的な力の秘密を浮き彫りにしようとしたのである。それが、「商品の物神的性格とその秘密」と題されている所以である。

有用物は商品となることによって、有用物として感性的でありながら価値として超感性的なものとなり、可視物でありながら不可視物となる。不可視なものが可視物となる。それは、生産が市場目当てに市場価値＝価値目当てでなされる人間関係の社会においてのみ成立しうる現象であり、価値＝市場価値は諸個人の思いを超えて、「たとえば家が頭上に崩れ落ちる場合の法則のように、規制的な自然法則として暴力的に自己を貫徹する。」あたかも地震のように暴力的に自己を貫徹する自然法則による現象と同じように、社会的な法則たる価値法則は自然法則と同じように為替相場によってそれぞれの国の生産者を一喜一憂せしめ、バブルとなって自己を貫き、平和を願望しながら武器輸出をなさしめ、紛争・戦争を惹起し、地球資源を蕩盡し自然破壊をほしいままにする。商品にひそむ物象化・物神性・疎外は、貨幣となって顕在化し、資本となって人間・社会・自然を取り込んで自然法則のように自己を貫徹する。『資本論』は、自然法則のように貫徹する価値法則を描き切ろうとしたマルクスが生涯をかけた書物である。

ロビンソンは、マルクスによって価値の何たるか、すなわち労働こそ価値の内実にほかならぬことを鮮やかに物語る人物として、また商品の物神性を白日のもとにさらけ出す照魔鏡の役割を果たしうる人物として象徴化せられたのである。

〔付〕エンゲルスのロビンソン・クルーソー

ついでに、マルクスの盟友エンゲルスもロビンソン・クルーソーを『反デューリング論』第二編「経済学」第二章・第三章で登場させているから紹介しておこう。ここでは、ロビンソンは孤立的個人ではなくフライデーを従者＝奴隷として使う存在としての分析である。ロビンソンはフライデーを奴隷とした。すなわち、フライデーの労働をもっぱら自分の利益のために使役する。彼がフライデーを奴隷にすることが出来たのは、剣を手にし銃を自分がもちフライデーがもっていなかったからである。だが銃以外にも、フライデーを奴隷にするためにはなお必要なものが二つある。一つは奴隷＝フライデーを使役するための労働用具と労働対象であり、いま一つは自分の他にフライデーが生きてゆくのに必要な食料その他の生活資料である。この分析につづいて、エンゲルスは奴隷制の成立以前の自然発生的共同体、そこにおける生産力の増大と交易の発生、そして奴隷的労役、人間の隷属の発生を論じている。

ロビンソンは、エンゲルスによって、フライデーとの関係において剰余労働の収取関係・搾取関係・階級関係の原型換言すれば唯物史観の基礎を示すもの、として取り上げられている。

同じロビンソン・クルーソーを取り上げて、マルクスとエンゲルスの違いは、二人の理論の本質的な違いをうかがわせるものがある。

（1）『資本論』第一章四節で入れられた注二九での、リカードにおけるロビンソンの取り扱いに対する批判的言辞は、先の福田のものさらには古典派経済学のロビンソンの取り扱い方に現われた限界を指摘するものであり、マルクスのロビンソンに対するこだわり・物神性論の強調を示している。また、この問題は次節のウェーバーの「社会科学方法論」における歴史学派の古典派批判とロビンソンに関する箇所とも関連している。

二　ウェーバーにおけるロビンソン・クルーソーの象徴性

ウェーバーは、彼の著作の中でも最も多くの人から読まれている『プロテスタンティズムの倫理と資本主義の精神』（一九〇五）の終りに近いところで、ロビンソン・クルーソーを登場させている。

まずそこを引用しよう。

「経済的発展にたいして、この強烈な宗教運動のもつ意義は、なによりもさきに、その禁欲的訓練の作用にあったのであり、それが、ウェズリのここでいっているような、完全な経済的作用をあらわすにいたったのは、一般には純粋の宗教的高揚がその頂点に達してまさに下降しはじめたときのことである。神の国を待望する熱烈な意識がひややかな職業道徳のなかに次第に解消しはじめ、宗教の源泉が徐々に生命を失い、功利主義的な現世観に道をひらくにいたったとき——すなわち、ドウデンのことばをかりるならば「滅びの町」を通って天国にいそぐ、バンヤンの〈巡礼者〉が、布教活動を行なうと同時に精神的な孤立の努力をつづける〈ロビンソン・クルーソー〉、つまり孤独の経済人となったときのことである。さらにすすんで……」

ウェーバーが、この引用文をふくむ書物で主張していることは、近代資本主義の精神は俗に言われまた少なからぬ学者が論じているような金儲け・営利・利潤追求の精神ではなく、禁欲・勤勉・合理性であり、その精神を生み出したものはプロテスタンティズムである、という主張である。すなわち、死んで天国に行くためには現世で神に嘉せられる生活を日々送ることであり、それは神の命じ給うことに耳を傾け、その命令に心から従うことである。Calling, Beruf, 呼び声—召命—天職—職業に勤しむことであり、そこに禁欲・節約・勤勉・合理的態度が生み出され、プロテスタンティズムの信仰行為が禁欲・節約・勤勉・合理的精神に支えられ、この精神を成立させ、それが資本主義の精神であり、資本主義を生んだ、と説いたのである。

この論旨に立って、さきの引用文のすぐ前に出ているパラグラフを読むと、ロビンソン・クルーソーがウェーバーによって何を象徴させるものとして把えられていたかが、見えてくるであろう。

「ピュウリタニズムの人生観は、その力が及びえたかぎりでは、どのようなばあいにも、市民的な経済的に合理的な生活態度へ向かおうとする傾向——これが単なる資本形成の促進よりもはるかに重要なことはもちろんだ——に対して有利に作用した。そして、そうした生活態度のもっとも重要な、いや唯一の首尾一貫した担い手となった。ピュウリタニズムの人生観は近代の〈経済人〉の揺籃をもったのだった。ピュウリタニズムの生活理想が、ピュウリタン自身も熟知していたように、富の「誘惑」のあまりにも強大な試煉に対してまったく無力だったことは確実である。……中略……。われわれが、ここで述べて来た一切の事実がモットーとするにふさわしい一文を、ジョオン・ウェズリ自身から引用したいと思う。なぜならば、この文章は、われわれがこの論文で解明した一見逆説的にみえる関係について、完全に、かつわれわれが指摘したのとまったく同じ意味において、禁欲運動の指導者自身が、知っていたことを示すからである。かれは言う——

『わたしは、富が増大したところで、宗教の精華はつねに同一の比率で減退するのではないかと危惧する。したがってわたしは、事物をなりゆきのままにしておくとき、いかにすれば誠の信仰復興を長期にわたって継続させることができるか、ということについては知らないのである。なぜならば、宗教は必然的に勤勉と節約のみを生みださねばならぬし、またこの二つは富以外のものを生みだすことはできないのである。しかし富が増大するにつれて、自負、憤怒および現世愛は、あらゆる形態をとって増大する。そこで、心の宗教であるメソディズムが、いまは、緑したたる月桂樹のように繁茂していても、この状態をいつまでも継続することが、はたしてできるであろうか。メソディスト教徒は、いたるところで勤勉であり節約を行なう。その結果、かれらは財産を増大させる。それゆえに、かれらは自負、怒り、肉と世の快楽、生活の誇りとを、それに対応して増大させる。こうして、宗教の形骸は残るが、精神はしだいに消え失せるのである。純正な宗教の、このたえざる腐敗をさまたげる道はないのであろうか。われわれは人びとが勤勉であり節約であることをさまたげてはならない。われわれは、すべてのキリスト者が、可能な限り取得するとともに、可能な限り節約すること、すなわち結果において富裕になることをすすめねばならない。』

この文章につづいて「可能な限り取得するとともに、可能な限り節約するもの」は、同時に「可能な限り他に与える」ことによって、恩恵を増し加えられ、天に宝を積めよ、というすすめが記されている。――読者は、この論文でくわしく論じた事情とまったく同じであることを知るであろう。

ウェーバーは、ここで引用しているプロテスタンティズムの一派であるメソジスト派教会の創始者ジョオン・ウエズリの説教に、二つの意味をもたせている。一つは、ウェーバーのこの条りに至る一切の事実――ブレンターノ等の営利・金儲けを資本主義の精神とする俗説に反対して、プロテスタンティズムの精神を資本主義の精神だと論証して来た一切の事実を、かの有名なメソディスト教会の創始者ウエズリの口によって直接的に語らせるという見事なレトリックを駆使している。〈宗教は必然的に勤勉と節約のみを生み出さねばならぬし、またこの二つは富以外のものを生み出すことは出来ない。〉〈われわれは、全てのキリスト者が可能なかぎり取得するとともに、可能なかぎり節約すること、すなわち結果において富裕になることをすすめねばならない。〉

だが、このウエズリの説教は、この書物の結びを〈精神なき専門人、心情なき享楽人、これら無に等しき者たちが、人類のかつて到達したことのない段階に昇りえたことを自負するであろう〉という予言で終る導入としても置かれている。すなわち、〈わたしは富の増大はつねに宗教の精髄を同一の比率で減少させるのではないかと危惧する〉。〈宗教＝ピュウリタニズムは必ず勤勉と節約だけを生み出し、この二つは富以外のものを生み出すことは出来ない。〉〈心の宗教であるメソデズムが、今は月桂樹のように緑したたる繁茂をしているが、この状態をいつまで続けることが出来るであろうか〉。〈メソジストの信者たちはどこでも勤勉になり労働にはげむ。その結果彼等は富んでゆく〉。〈富むにつれて、彼等は驕りたかぶり、怒り、肉欲と俗世の快楽、生活の見栄を増大させてゆく〉。そして、〈宗教の形骸だけが残り、精神は消え失せてゆく〉。

さて、わがロビンソン・クルーソーに帰ろう。ロビンソンは、今述べたウェズリーの二つの文脈を受けて登場している。すなわち、ロビンソンは、プロテスタントの内的信仰そのもののバンヤン描くところの「虚栄の市」をよぎってひたすら天国にいそぐ「巡礼者」に続き、プロテスタントの熱い信仰に立つ伝道者であると同時に孤独な経済人として神に向かい神に嘉せられながら日々の生活を勤勉と合理的態度によって心身ともに、豊かな個人として登場させられている。

彼の勤勉と合理性は、一方においてプロテスタンティズムの召命・禁欲の信仰的行為のしからしめるところである。と同時に孤島で一人生きてゆかねばならぬ環境的強制でもあった。ロビンソン・クルーソーの孤島における意識と行動は、まさに資本主義を生み出し成功させた禁欲と合理性の権化であり、プロテスタンティズムの倫理＝資本主義の精神の体現者の典型といわねばならない。

だが、ウェーバーにとってロビンソンもまた経過的人間である。彼はロビンソンを登場させたすぐ後に、次のように言葉を続けている。「さらにすすんで、〈二つの世界をどちらも利用する〉という原則が一般化されるときには、〈やましくない良心は柔かい枕に〉というドイツの諺にいみじくもいわれているように、快的な市民生活をたのしむ手段の一つとなるほかにはなかった。あの宗教的生命に充満した一七世紀が、功利的な次の時代に遺産としてのこしたものは、なによりもまず、合法的な形式で行なわれるという限りの、貨幣取得についての驚嘆すべきほどに正しい良心にほかならなかった。」「〈二つの世界をどちらも利用する〉という原則が一般化されるとき」、すなわち魂の平安を求める聖なる世界＝信仰の世界と勤勉かつ合理的に現世を生きる世俗的世界の二つながらを同時に充足せしめて生きるロビンソン・クルーソー。このロビンソンのような人間が特殊な人間ではなく一般的な人間として皆が生活するような社会になってくると、プロテスタンティズムの信仰は現世の快的な市民生活をたのしむための手段の一つになり下がる。宗教的生命に充満していた一七世紀から、功利主義的な次の世界に移りゆく。「ラクダが針の穴を通るよりも難しい」とキリストの言うところを、何等心を傷めることなく天職意識から脱皮した市民的職業意識でもって行為するのである。

そして、「遂には禁欲が修道院から職業生活の内部にうつされ世俗的な道徳を主宰し始めるや、それは近代経済秩序の強力な世界体系の形成に貢献したからである。この秩序は、機械的生産の技術的・

経済的条件によって制約されるものである。しかしそれは、無限の力をもって、こんにちの秩序のなかに入りこんでくるあらゆる人びと――直接的に経済的営利追求にたずさわる人のみならず――の生活を決定し、おそらくその化石化した燃料の最後の一魂が燃えつきるまでは、将来もなお、決定しつづけることであろう。」

召命―天職―職業に支えられ支える禁欲・勤労の近代経済秩序をつくり出し、その秩序に順応して人間は生きる。近代経済秩序は市場と機械体系と合体した組織の不可抗力的な秩序であり、その秩序にとらえられて、人間は生きる。その秩序はまさに〈鉄の檻〉である。禁欲は富を生む。近代経済秩序は無限の富を生む不可抗力的、他律的秩序の鉄の檻である。鉄の檻の住人は、富に酔いしれ、富に驕り、〈精神なき専門人・心情なき享楽人〉、このどうしようもないまさにニヒツ Nichts としか言いようがない者どもが溢れかえる。このニヒツこそ、ロビンソン・クルーソーの末裔である。

以上のようにウェーバーは、信仰と合理性をもって勤勉に生活するロビンソンを、資本主義を成立させ推進させる資本主義の精神の体験者としての意味と位置をもつものとして把え、そして彼を資本主義の発展とともにやがて別のタイプの人間にとってかわられる経過者＝過渡的存在として把握している。

ウェーバーはロビンソンを登場させた論文（一九〇四～一九〇五）とほとんど同じ時期（一九〇四）に「社会科学および社会政策の認識の〈客観性〉」と題する論文を同じ雑誌に発表しているが、その中にもロビンソンがちらりと顔を出す。すなわち、「抽象理論（古典派経済学の価値論――筆者挿入）

を〈ロビンソン物語〉だといってからかうひとでも、もっとよい理論すなわち、この場合には、もっと明晰な理論をその代りにもってこないかぎりは。このことをともかくも考えてみなければなるまい。」

これだけである。

この引用文だけで言っていることは、次のことである。ドイツ歴史学派経済学の立場に立つ学者たちは、イギリス古典派経済学の理論構成を孤立的個人の集まりから市民社会が形成せられていると考える原子論的機械論だとして、これを〈ロビンソン・クルーソー物語〉だとからかっているが、彼等の批判も、もっとよい理論をもってこないかぎり、それは真に有効ではない、とウェーバーは言っているわけである。

この引用のセンテンスは、〈理念と理念型〉すなわち実践的ないし理論的な思想傾向と概念的補助手段として構成した理念型との関係を論じ、経済学における価値概念における理念と理念型について論じたパラグラフの末尾に付されたものである。価値論については歴史学派と同じく孤立的個人の集合として社会をとらえた古典学派を揶揄しながらも古典派の価値説を継承発展させたマルクスの価値論も、ともに労働価値論の概念構成は理念型に他ならず、そしてそれと自然法思想という当時の理念との緊張関係について言及している。[1]だが、この問題には立ち入ってゆかない。ただ、理念と理念型という問題をもち出し、歴史学派に向かってロビンソン物語だと言って揶揄するだけではダメだ。「もっと明晰な理論」すなわち理念と理念型の理論のもとに問題をはっきりさせねば真の批判にならんぞ、と言っているということだけを、指摘すればよいであろう。[2]

（1）　ここらの論述は、前節注一でとり上げたマルクス『資本論』第一章注二九をめぐる問題にかかわるところである。ウェーバーはマルクス価値論の底に流れる自然法思想を指摘しているが、マルクスと対話させたい。

（2）　第一節の注一でとり上げたマルクスの古典派経済学ないしリカードのロビンソン物語の取り扱いに対する揶揄（スミスもマルサスもリカードも具体的にロビンソン・クルーソーの名前を出しながら論じた箇所はない）について、大塚は前記著作で二度（四〇頁および九七頁）も触れている。だが、第一節注一で指摘した、ウェーバーのこの問題に関連した彼の歴史学派批判の文章はマルクスの底流をつき、しかも理念と理念型を論じながらロビンソンの名前さえ出しているのに、大塚は全く触れていない。何故であろうか。

三　大塚久雄の〈ロビンソン的人間類型〉

マルクスは『資本論』、ウェーバーは『プロテスタンティズムの倫理と資本主義の〈精神〉』というそれぞれの代表的著作の中で、わずかワン・パラグラフ、ワン・センテンスだけではあるが、その論理展開の重要な局面において、ロビンソン・クルーソーを象徴的とも言えるほどの意味をもった人物として登場させていた。それは、長い芝居の重要な一場面で名題の名優が大事な役どころをふり当てられてチラリと登場したにすぎないようなものだった。大塚久雄はマルクスとウェーバーを援用し依拠しながら、ロビンソン・クルーソーを主役に仕立て上げた芝居を書き上げたのである。その芝居の外題は『社会科学における人間』（岩波書店）である。そして、その名題は〈ロビンソン的人間類型〉

である。それは、次のような構成でなり立っている。序論（人間類型とは何か）、Ⅰ「ロビンソン物語」に見られる人間類型、Ⅱマルクスの経済学における人間、Ⅲウェーバーの社会学における人間、Ⅳ展望（社会科学における人間類型論の意義）である。ただし、序論と展望に付したカッコ内の題は内容に即して筆者が挿入したものであるが、大過ないものと思う。

〈人間類型〉とは何か。大塚はそれについて、「人々がその内部にはらんでいる独自の文化的サナギと言いますか、独自の文化的種子と言いますか、おのずから人々の独自な思考と行動の様式として現われてくる、そういうものを私は〈人間類型〉と呼ぶ」といい、また「行動様式あるいはそういう行動様式を内面的動機づけ、エートス（Etos）という語と同義または非常に近い語として用いる」、と言っている。この人間類型は社会現象を整序し体系化して把握しようとするときの基本的な用具であり、これなくしては社会現象の理論的把握は土台を失うといった意味をもつ概念として、大塚はこの概念を提起するのである。

その人間類型論の主役がロビンソン・クルーソーである。大塚はロビンソン・クルーソーと彼を世に送り出したデフォーの出自を経済史家として練達の筆で描き出し、ロビンソンの行動様式とエートスはイギリスを資本主義の母国として生み出し発展せしめた中産的生産者のものであることを明らかにする。その上で、ロビンソンの思考と行動様式は形式合理性と目的合理性をもち、呪術的な非合理主義や伝統主義的あるいは冒険主義的な行動様式から免れている。孤島のロビンソンにとって一番大切なことは金儲けではなく、必要な財貨を効率よく生産する経済人であった。このようなロビンソンの意識と行動様式が近代的あるいは資本主義的な人間類型であり、ロビンソン的人間類型である。このロビンソン的人間類型こそ、経済学の生誕にさいしての理論形成の前提＝認識モデルとなったものである。そして、現代において経済学者が一般的に前提としている「経済人（ホモ・エコノミックス）」という人間類型は、彼等が意識的であれ無意識的であれ、血も肉もそぎとられ骸骨のようになったロビンソン的人間類型のなれの果てなのである。

人間類型という社会科学の認識用具をつくり上げた大塚は、ロビンソン・クルーソーを「ロビンソン的人間類型」として打ち出し、これを資本主義的人間類型とする。この概念に立って、大塚は「マルクスの経済学における人間」つづいて「ウェーバーの社会学における人間」を論じている。マルクスについては、『資本論』のロビンソンの登場している箇所を中心とした解説であり、マルクスは人間類型論をもってはいたが萌芽にすぎなかったという評価を下している。ウェーバーについては、まず「ロビンソン的人間類型」の種本ともいうべき『プロテスタンティズムの倫理と資本主義の精神』の解説を行ない、つづいてこの書物が対象とした時代を遠く遡った「古代ユダヤ教」、地域を地球的に拡大した「儒教と道教」、「ヒンズー教と仏教」を論じた大冊の三論文をふくむ『世界宗教の経済倫理』の解説を行なっている。そして、Ⅳ展望「社会科学における人間の課題」と題して、自ら提起した〈人間類型〉論の意義を強調して終わっている。

ロビンソン・クルーソーの社会科学における象徴性についての大塚の把握の紹介は、いちおう以上で終える。大塚は社会科学とりわけ経済学の基本的な要因として〈人間類型〉なる概念を提起し、資本制生産社会の人間類型として「ロビンソン型人間類型」を打ち出したのである。それは伝統的・非合理的な意識と行動から脱した形式的合理性・目的的合理性に貫かれた意識と行動をする人間の象徴的人物としてロビンソンを取り上げたものであった。

四　大塚の所論の吟味
――マルクスとウェーバーのロビンソン再把握――

1　大塚の〈人間類型〉論とマルクス
――物神性論をめぐって――

ロビンソン・クルーソーが経済学ないし社会科学における象徴的人物であるということは、ほとんど常識といってよい。だが、あらためてマルクスとウェーバーという巨人がロビンソンにどのような象徴性をもたせて取り扱ったか、そして大塚久雄がマルクスとウェーバーに依拠しながら正面きってロビンソンを近代社会ないし近代資本主義社会の人間類型として打ち出したかを紹介してみると、それぞれの巨人によって付与されたロビンソンの象徴性の意味内容について更に言を費やさねばならぬ必要を覚える。その作業は、マルクスとウェーバーに依拠し紹介しつつしかもなお より高次の地点に立とうとした大塚の仕事を吟味するという方法をとるのが適当であるように思われる。

大塚がマルクスとウェーバーをどのように把握し、どのようにとり扱っているかについてより立ち入って見てゆこう。大塚の文章は含蓄に富み、しかも留保を置きながらの単線的でない論述が為されている。だが、私は言葉のあや・留保を無視し彼の主題の展開に即して把えることにする。大塚はまず「『資本論』に現われる人間」と題する節で、マルクスは『経済学批判序説』では「社会をなして生産しつつある人間諸個人の活動が経済学の出発点であり、経済学の研究対象となる」と言っている。なのに、『資本論』では第一巻の序文では次のように言っている。「ここではそうした人々（資本家や労働者や地主）は、経済学的諸範疇の人格化として、一定の階級関係と利害の担い手であるかぎりにおいて問題とされる。経済的社会構成の発展は一つの自然史的過程であって、……諸個人は、主観的には諸関係を超えていると考えていても、社会的にはどこまでも諸関係の被造物だとするのが私の立場なのである。」そして、言葉通り『資本論』の論述は抽象的な諸概念・諸範疇の展開がなされており、生身の具体的な人間諸個人の姿は出てこない。

大塚はいう。「そこで問題はこうなりますね。もしも経済学の研究対象である経済現象が、本来社会をなして生産しつつある人間諸個人の活動と成果であるのならば、始めから終りまで生身の人間がいっさい出てこないというのは、なにかおかしいじゃないか。少なくとも経済という文化領域の範囲内では、もう少し具体的な姿に近い人間が出てきてもよさそうじゃないか。そういう疑問が起こるわけです。」「いや、マルクスに即して考えても、出発点は〈生きた人間諸個人〉だと言っておきながら、『資本論』の冒頭で前面に出てくるのが商品の生産者でも所持者でもなく、〈商品〉そのものだというのは、やはりなにかおさまりのわるい。」

このようにマルクスの所説は根本的とでも言うべき矛盾をすなわち「経済学の出発点そして研究対象は生活をめぐる諸個人の活動」と言いながら、主著『資本論』は「諸人格は経済的諸範疇の担い手としてのみ取り扱う」という方法を貫いているという矛盾（大塚はこれを「形式的ちぐはぐ」などと表現している）をもっており、しかも「マルクス自身も既にその矛盾に気がついていた」と大塚は言い、自説の人間類型論をマルクス自身によって語らせようという離れ業を披露する。

大塚は言う。実はこの根本的な矛盾＝難問をマルクスは察知し解決していたのだ。それを示す箇所が二つある。一つは『ドイツ・イデオロギー』の第一稿「フォイエルバッハ論」の中の「自然発生的分業」という概念を駆使しながら論じている箇所であり、今一つはあのロビンソン・クルーソーを登場させている『資本論』第一巻第一章第四節「商品の物神性とその秘密」の箇所だ、と言ってその箇所の概要とコメントを付ける。自然発生的分業は社会的に成立している職業分化の体系であり、それは人間諸個人の活動の総体である。それは資本主義社会では、その体系・秩序がまるで自然現象のように人間（諸個人）の意思から独立し、人間はそれから疎外され、人間と人間との経済諸関係は物象化されてくる。

この生身の人間諸個人と彼等に関係しながら、しかもなお彼等の意図を超えて自然史的に動く物象化せられた経済現象との関係を、すなわち人と人との関係が物と物との関係として成立し動く物象化せられた謎にみちた世界の幻想のベールを徹底的にとり去り、経済現象の真の姿を見極めることに、マルクスは成功した。その『資本論』第一巻第一章商品の中でロビンソンに次のような役割を担わせて登場させている。大塚は更に言う。

「ところで、マルクスがその秘密のベールを取り去ったときに見出したのは、単に近代の資本主義社会とはいわず、世界史上に見られるあらゆる社会形態を通じて、およそ経済現象なるものはつねに〈資源配分〉の問題だということ、あるいは、〈資源配分〉をめぐる人間諸個人の営みであり、彼らが相互に取り結ぶ社会関係だということでした。つまり、経済現象の中心に、だからまた、経済学の中心に位置しているのはほかならぬ社会をなして生産する人間諸個人、端的に人間だということでした。ただ、そのばあい、強くわれわれの興味を惹くのは、マルクスがそういう経済学批判の第一歩を踏み出すにあたって持ち出してきたのが、いま話しましたように、ほかならぬ〈ロビンソン物語〉だったということです。それは、さしあたってこういうことを意味している、と言ってよいでしょう。少なくとも、経済学の範囲内で論じている限り、マルクスもまた〈ロビンソン的人間類型〉を認識のモデルとして前提としていた、と。あるいは、マルクスは、〈ロビンソン的人間類型〉がおよそ経済学における理論形成の前提となっている、と考えていた、と。私はそう言ってさしつかえないのではないか、と思います。」

更に『資本論』第一巻第十二章第四節「マニュファクチュア内部の分業と社会内部の分業」の中でインド村落の内部における分業関係を論じている箇所がある。そこの論述をみると、〈ロビンソン的人間類型〉ではなくて〈インド村落民的人間類型〉を前提としていたとみてよい。

大塚はマルクスを以上のように料理してきて、「マルクスの学問は人間論にあるが、人間類型論つまり人間論の相対化の萌芽が見られたにすぎない」と結論している。

「II、マルクスの経済学における人間」は、『経済学批判序説』の主張と『資本論』の方法を紹介して両者の矛盾をつき、その矛盾はマルクス自身が知っていたとし、その箇所は『ドイツ・イデオロギー』の第一論文「フォイエルバッハ」の中の〈自然発生的分業〉と『資本論』の第一巻第一章「商品」の中のロビンソンを登場させた箇所であり、そこには人間類型論が前提されており、人間類型論の萌芽がみられる、と論じられている。自説の〈人間類型〉論を打ち出すために、巨人マルクスを紹介し、マルクスをもって自説の支柱とするという立論の見事さに驚く。マルクスを学んだことの無い者は、この立論についてゆけるであろう。だが、マルクスを若干でも学んだ者にとっては、大塚の立論には容易についてゆけない。大塚のマルクスの紹介は、紹介されたかぎりでは、マルクス自身の引用も交えながら、忠実に紹介されている。にもかかわらず大塚の立論についてゆけないもの、納得し難いものを覚えるというのは、マルクスの所説の引用・紹介した箇所のそれぞれを、大塚がどのように意味づけているか、どのように関連づけることによって大塚が自説展開の材料としたかに、首肯しがたいものを覚えるからである。

いささかくどいが、今一度大塚の筋立てを述べよう。まず、『序説』の「社会をなして生産しつつある諸個人の活動が経済学の出発点であり研究対象である」といいながら『資本論』の「諸個人は経済的範疇の担い手としてのみとらえる」という方法を貫き、「始めから終りまで生身の人間がいっさい出てこないのは、おかしいじゃないか。」そして、「『資本論』の冒頭で前面に出て来るのが商品の生産者でもなく所持者でもなく、〈商品〉そのものだというのはおさまりの悪い感じがする。」

次に第二段。マルクスはこの矛盾（大塚は「形式的ちぐはぐ」などという）をよく知っており、その疑問を既に解決していた。それを示す重要な箇所が「自然発生的分業」と「ロビンソン物語」の『資本論』での登場の箇所だと大塚はいうのであった。

この大塚の第一段と第二段の立論を、マルクスは納得して聞くことが出来るであろうか。

大塚が第九・第十の二回分の講義でとり上げた〈自然発生的分業〉は『ドイツ・イデオロギー』の第一部「フォイエルバッハ、唯物論的な見方と観念論的な見方の対立」の中で論じられている。この一八四五〜一八四六年に書かれた「フォイエルバッハ」は、エンゲルスをして「あたらしい世界観の天才的な萌芽がしるされた最初の記録」と言わしめ、「人間の経済発展史についての歴史的哲学的見解の最初の体系的叙述」（ドイツ語版序文）であり、史的唯物論そしてそれにもとづいた人間社会の発展の体系的論述と、一般的に位置づけられたものである。そして、分業は経済発展におけるキー・コンセプトとして用いられる。この分業によって所有をとらえ、イデオロギー問題まで説き及んでいるが、それにはふれない。それにしても、大塚の「自然発生的分業」は、「社会全体の職業分化とその配置」と説明されるものに過ぎない。だが、マルクスがここで論じている分業は大塚をはるかに超えている。次のマルクスの言を引こう。

「分業が、もともとは性行為における分業にほかならず、つぎには自然的な素質（たとえば体力）、欲望、偶然などなどによってひとりでに、すなわち〈自然成長的〉（naturwuchsig）にできあがる分業であった。分業は、物質的労働と精神的労働との分割があらわれる瞬間から、はじめて現実的に分業となる。この瞬間から意識は……」

マルクスは〈自然発生的〉分業と現実的分業を分けてとらえている。人間の他の動物との違いを「意識」の観点から把握するマルクスが、〈自然発生的〉分業と意識にのぼせられている分業＝「現実的」分業を分けて把握するのは当然である。もともと、「フォイエルバッハ」はフォイエルバッハの唯物論哲学がなお観念論的残渣を残しており、それは人間を活動・実践としての把握が欠けており、したがって主体的な把握がなされていないからだと言って具体的に論じたものである。

自然発生的分業と次元を全く異にする現実的分業を理解させるに足る記述が、さきの引用文（A・

イデオロギー一般　一、歴史）とは別の箇所の「自然発生的および文明化された生産用具」（B・イデオロギーの現実的土台の三）にある。引用しよう。

「ここに自然発生的な生産用具と、文明によってつくりだされた生産用具との区別があらわれてくる。耕地（水など）は自然発生的な生産用具とみなされることができる。第一のばあいの自然発生的な生産用具においては個人は自然のもとへ、第二のばあいには労働の生産物のもとへ包摂される。したがって第一のばあいには所有（土地所有）もまた直接的な自然発生的な支配としてあらわれ、第二のばあいには労働の、とくに蓄積された労働すなわち資本の支配としてあらわれる。第一のばあいの前提は、諸個人が家族にせよ種族にせよ土地そのものなどにせよなんらかの紐帯によってむすびあっているということであり、第二のばあいの前提は、かれらがたがいに独立であって交換によってのみつなぎあわされているということである。第一のばあいには交換はおもに人間と自然とのあいだの交換、すなわち前者の労働が後者の生産物とひきかえられる交換であり、第二のばあいにはおもに人間相互のあいだの交換である。」

そして次の箇所（Bの一、交通と生産力）もある。

「それ（諸資本の急速な流通と集中）は自然科学を資本のもとに包摂し、そして分業から自然発生性の最後のみせかけをとり去った。それは労働の内部で可能であるかぎり一般にすべての自然発生性をうちこわし、すべての自然発生的な関係を貨幣関係にかえた。」

マルクスは自然発生的な分業と資本制生産下の分業とを截然と分けて把えている。自然発生的な生産用具それは土地であるが、そこで生産が行なわれ、生産用具＝土地所有がなされ・そこで成立している分業と、文明化された生産用具（それは機械や装置）を使用する分業とを分ける。マルクスは、分業を自然発生的分業と現実的分業または資本制的分業（この言葉を『ドイツ・イデオロギー』では未だ使っていない）との二範疇に分けて把えている。土地を主要な生産用具とし・土地所有がなされ・その上に成立している分業と機械などを文明的な生産用具とし・それを資本として所有する所有関係があり・その上に成立している分業との二範疇である。自然発生的分業のもとでは諸個人は血縁的・地縁的な自然的紐帯によって人格的結合がなされる。だが、資本制的分業のもとでは諸個人は自然から切り離され、各人バラバラの商品所有者・貨幣所有者としての交換関係・市場によって結合される。

自然発生的分業下では、諸個人の諸欲求の充足のために、生産・再生産がなされていたが、資本制的分業下では欲求充足のための使用価値を目的として生産はなされない。交換目当ての市場目当ての生産であり、投下した貨幣より大なる貨幣を回収することを目当てとし、そうしなければ資本維持・再生産不可能である生産がなされる。では、個々の生産者がひたすら市場目当てに、より大なる価値を目指して生産する分業体制の下で、どうして社会をなす諸個人の諸欲求をバランスよく生産し再生産することが出来るのか。その秘密をとき明かしたい・それがマルクスの念頭である。諸個人が再び全人格をもって結びつく社会、諸個人が商品所有者・貨幣所有者としてしか社会的結合をなさない社会、自己のもつ労働力を商品として貨幣所有者＝資本家に売り渡し労働力の買い手のままに自分の労働力が消費されることを運命づけられた社会、この社会の構造と運命を見とどけ新しい諸個人の全人格的結合の社会への展望を切り開こうとするのである。その最初の書物が『ドイツ・イデオロギー』

である。

『ドイツ・イデオロギー』（一八四六）を出発点（もちろん、準備期間はある）としたマルクスはまさに全身全霊をあげてゴール目がけてひた走り、『賃労働と資本』（一八四九）、『経済学批判』（一八五九）などの中間点を通って、『資本論』第一巻（一八六七）を書き上げ、更に走りつづけて『資本論』第二巻、第三巻の草稿をエンゲルスに託して一八八三年六三歳で倒れた。

大塚は、マルクスは『経済学批判序説』では「社会をなして生産しつつある人間諸個人の活動が経済学の研究対象」といっているのに、『資本論』の方法は「諸個人は経済的範疇の担い手としてのみ取り扱う」という方法をとって生身の個人がでてこないのは「おかしいじゃないか」、『資本論』冒頭の「商品」は商品そのものが前面に出て、その生産者も所有者も出てこないのは「おさまりが悪い。」と疑問を投げかける。

マルクスがこれを読んだら唖然とするだろう。

生身の諸個人を登場させ論じるのは、フィクションであれ、ノン・フィクションであれ文学者の仕事であって科学の領域ではなしうるところではない。科学は対象と方法を限定してはじめて成立しうるのである。マルクスは資本制生産社会は、諸個人は商品所有者・貨幣所有者として、労働力商品の所有者・資本の所有者として結びつき、そして、その関係のもとで社会全体の生産と再生産はなされ、その過程は諸個人の意図をこえた自然史的な発展をなす、と仮定していた。このマルクスの仮定を大塚はどう把えるのであるか。マルクスはこの仮説に立って資本制社会を徹底的に分析していく。そのマルクスに生身の人間が出てこない、その矛盾をマルクス自身がよく知っており、その難問を既に解決していたのだ。それを示す箇所が『ドイツ・イデオロギー』の中の「自然発生的分業」論であり、ロビンソンが『資本論』で登場の箇所だ、と大塚は言う。マルクスは自然発生的分業と資本制的分業の二種類を対比的にとらえているのに、自然発生的分業だけをとり出し、しかもそれを不十分にしか把握していない。どうして、自然発生的分業で大塚の出した矛盾＝難問を、マルクスは解いているかというと「自然発生的分業」の箇所で疎外・物神性の問題がとり上げられ、ロビンソンはまた「商品の物神性とその秘密」のところで出て来るからだ、という。疎外論、物神性論がマルクス理論の鍵だというのなら、まさにその通りなのだが、それなら何故真正面からそれを論じないのか。自然発生的分業のもとではなく資本制的分業のもとで生ずる疎外・物神性を、資本制的分業に関説しているマルクスの言説を一切紹介することなく、疎外・物神性の問題を自然発生的分業の項でもち出している。自然発生的分業＝前資本制分業と資本制分業との対比のもとにはじめて、疎外・物神性現象は明らかになるのに何故か自然発生的分業しかとり上げないで疎外・物神性を大塚はとり上げる。自然発生的分業と自然史的過程とをダイレクトにつなげているようである。

ロビンソン物語はまさに小説であって科学ではない。生身の人間が描かれているロビンソンは商品世界の人間ではないから商品世界の謎をときあかす鍵となる。ロビンソンによって商品世界の秘密のヴェールが引きはがされたときに明らかになるのは「経済現象は資源配分の問題だ」という。そして、それがわかったとたんに、「彼の学問の視野はぐんと拡げられ史的唯物論の世界は展開されることになる」と大塚は言う。

何たる書き方であろうか。史的唯物論は『ドイツ・イデオロギー』で最初の体系をもってうち出され、『資本論』に向かって練り上げられてゆく。そして、マルクスが力を注いだのは疎外の進化・拡大であり、『資本論』の内容はまさに物象化の体系的展開以外の何物でもない。大塚は言う。「マルクスが商品経済のもつ幻想的なヴェールを、ロビンソン物語によって取り去ったあとに見出したのは、どのような社会であれ経済現象なるものは資源配分の問題だということでした。『資本論』の中には資源配分論少なくともその萌芽が見られる。」

私は唖然とする。『資本論』は徹頭徹尾資源配分論の書であるとも言っていい。だが、ロビンソンの漂流した孤島での資源配分と資本制生産社会の資源配分とは根本的に異なるところがある。それは個人と社会との違いである。マルクスはその点を十分に考慮していない古典派学者を揶揄した。だが、いま一つ決定的な違いは、資源配分がロビンソンのように意識的・意思的、計画統制的になされるか、そうでないかの違いである。この点はロビンソンの孤島・中世の領主と農民の社会、自給自足的家父長的経済のもとであろうといずれもロビンソン型資源配分である。だが、資本制生産社会の資源配分はこれを意識的・意思的に計画統制する人間主体あるいは機関をもっていない。だが、バランスのとれた資源配分なくしては社会の維持・存続はできない。人間がしなければ誰がする。神がする。見えざる手によってする。価値法則が自然法則のように、それに従わざるを得ないかたちで貫徹してゆくことによって、資源配分がなされてゆく。バブルの発生と終熄、為替相場の上下による輸出入価格現象・生産の増減等々あげるまでもない。『資本論』第一巻の生産論・蓄積論、第二巻の流通論・再生産論、第三巻の総過程論・分配論はまさに資源配分論以外の何物でもない。どうして、大塚は「『資本論』のなかに資源配分論のすくなくともその萌芽が見られる」などと評するのであろうか。

くどくなるが、まとめてみよう。大塚の論旨はこうであった。マルクスの経済学は立場・方法と論述の中に根本的とも言える矛盾をはらんでいる。実はその矛盾についてマルクス自身すでに気がついていた。そして、その難問を解決していた。実はその箇所が、彼の『ドイツ・イデオロギー』の自然発生的分業の箇所と『資本論』でロビンソンを登場させた箇所だと言って紹介し、マルクスは〈人間類型〉論の萌芽はもっていたが意識的に展開してはいない、と結ぶのである。

大塚が論を起こすに当たってもち出したマルクス経済学がはらむ矛盾、大塚は矛盾という表現を使っていないで「形式的ちぐはぐ」とか「おさまりが悪い」とかという表現をつかっていて、彼自身矛盾とは思っていなかったのではないか。ともあれ、マルクスはこの矛盾に気づいており「この難問を解決していた」のだと言って物神性論に関する箇所を持ち出す。まさに、疎外論・物神性論こそマルクス経済学のアルファであり、オメガである。資本制生産社会における人と人との関係が物と物との関係として現われる秘密と物象化の原理とその形態展開を解き明かすことにマルクスは全生涯をかけた。マルクスは、自然発生的分業社会の人間、市場経済下の資本制的分業社会の人間、そして資本制社会の止揚せられるであろう社会の人間をそれぞれに把握していた。そして資本制下の人間を商品物神・貨幣物神に奉仕する以外に生きようのない人間として、その世界を描ききることによって人間が人間として生きうる社会への道を開こうとした。そのマルクスに対して、大塚はマルクス経済学の論述は「形式的ちぐはぐをもち、おさまりが悪いが、その難問をマルクス自身すでに解いており、その箇所が自然発生的分業とロビンソンの箇所だ」という。最後は「マルクスにはたかだか人間類型論つまり人間論の相対化の萌芽が見られたに過ぎない」と断定するわけだが、マルクスは「人間論の相対化」

それを人間類型というなら、見事な人間類型論をもっていたではないか、貨幣物神の世界である資本制社会における人間とそれ以前の人間、そして以後現成するであろう人間類型をはっきり描いていたではないか。ただ、マルクスの人間論の相対化とか人間類型論とかの言葉を大塚のように使ってはいないだけである。大塚は以上の私の論述なんか知悉していたに違いない。人間類型論をマルクスももっていたことも知っていたに違いない。大塚は「マルクスは人間類型論の萌芽をもっていたにすぎぬ」というべきではなく、せいぜいのところ「私とは異なる人間類型論をマルクスはもっていた」と言うべきだったのだ。何故そう言わなかったのか。〈存在は意識を規定する。〉

2　ロビンソン的人間類型とウェーバー
――宗教そして支配の三類型――

「Ⅲ、ウェーバーの社会学における人間」を、「マルクスに人間類型論の萌芽が見られたが、そうした人間類型論、言うならば社会科学における人間の相対化という課題に正面から取り組んだのは、ほかならぬマックス・ウェーバーだった」と大塚は書きはじめる。

この章の構成は前半に『プロテスタンティズムの倫理と資本主義の精神』（以下『プロ倫』と略称する）をとり上げ、これをロビンソン的人間類型とりわけそのエートスを問題としたものとして精細な紹介をし、後半にはロビンソン型とは異なったさまざまな人間類型が繰り拡げられているものとして『世界宗教と経済倫理』の要約的紹介がなされている。

さて、大塚の〈ロビンソン的人間類型〉はウェーバーの『プロ倫』に依拠しながら打ち出されたものである。「ウェーバーが〈資本主義の精神〉とよぶものは、まさしく〈ロビンソン的人間類型〉を内から支え動かしているそのエートスに他ならない」という大塚の言をわざわざ引くまでもないであろう。

ところが、ウェーバー自身さきに紹介したようにロビンソンを『プロ倫』の中に登場させ、自説の展開にはっきりした役割を演じさせている。ウェーバーがロビンソンに担わせた役割と大塚の打ち出したロビンソン的人間類型は同じと言えば同じだが、必ずしも同じだとは言いきれないものがある。それについては、関連した箇所で既に述べているが、あらためて対比してみよう。

『プロ倫』の終りに近く、ロビンソンは登場する。神の国を求める熱烈なプロテスタントの信仰が、召命・天職から次第に世俗的な職業倫理・職業意識にまで解体しはじめ、宗教的根基はやがて生命を失って、功利的現世主義に代ってゆく。象徴的に言えば、「虚栄の市」のなかを天国にむかってひたすら急ぐバンヤンの〈巡礼者〉の孤独な奮闘。そして孤立的経済人であり、しかも同時に信仰厚きロビンソン・クルーソー。だが、やがて信仰は市民的職業倫理にかわり、職業観念を基礎とした合理的生活態度は職業の専門化とともに、ゲーテのあのファウスト的全体性を喪失せしめ、その上に成り立つ近代経済秩序は鉄の檻と化し禁欲を隷従に変質させる。そして、無限の富みを生み出す〈鉄の檻〉は、そこの住人を「精神なき専門人・心情なき享楽人」とし、わが世を謳歌させるであろう、で終る。すなわち、ロビンソン・クルーソーは経過的・過渡的な人物に過ぎない。もっとも、経過的とは言え、信仰あつきプロテスタントであると同時に孤立的経済人でもある。その意味からすればロビンソン・クルーソーは近代資本主義の成立時を飾る人間類型であり、ウェーバーはそのようなものとして彼を登場させている。では、大塚のロビンソンはどうか、ロビンソンの思考と行動様式は「要するに生活してゆくために必要な財貨を生産すること、つまり経営だったということ。」「第二に伝統主義から脱し合理的だったということです。」

ウェーバーと大塚の違いは、ウェーバーがロビンソンを資本主義社会の中の過渡的な人物と把握しているのに対して大塚はそうでない。

次に、ウェーバーはロビンソンをキリスト教の堅い信仰をもつ伝道者であると同時に孤立的な経済人でもある二面をもつ人物として把えているのに対して、大塚は合理主義的経営人としての一面を強調しているにすぎない。経済人と言おうと経営人と言おうとその違いはここでは問題にしない。では、大塚はなぜロビンソン的人間を合理的な意識と行動をする経営人とのみ言って、キリスト教信仰者の側面を言わなかったのであろうか。〈ロビンソン的人間類型〉を打ち出す第I章で詳しくは『プロ倫』にゆずるとも言っているが、すくなくともロビンソン的人間類型としては信仰的側面は挙示せられていない。ウェーバーはロビンソンの経済人の行動様式を合理的であると把握しており、それはキリスト教的禁欲に根ざすものであるとも把握している。だから、大塚はキリスト教信仰の側面を経済人の側面とならべて述べなかったのであろうか。この点についてはは大塚は言うまでもなく知悉している。だが、大塚の書いていることは上に示した通りである。ウェーバーは職業の発展・経済の発展とともに信仰の側面、人間の人格的側面がいかに変貌を遂げるかを跡づけ更にその行末を予言している。大塚はそれを詳細に紹介している。だが、ロビンソン的人間類型としては信仰の側面は含まれていない。

ついでに言えば、『プロ倫』とほとんど同じ時代一九〇四年に書かれた『社会科学および社会政策の認識の〈客観性〉』の中でも「ロビンソン物語」はちらりと顔を出す。このことはさきにも触れたが、「ドイツ歴史学派経済学者たちが、イギリス経済学の価値論＝抽象性論は〈ロビンソン物語〉だといって軽蔑しているが、もっと良い理論、もっと明晰な理論をもち出さなくてはダメだ」とウェーバーは言ったのだが、このもっと明晰な理論というのは、おそらく自身の提起している理念と理念型の理論とその理論の具体的適用ということであろう。そして、『プロ倫』はその適用の具体例であろう。大塚の人間類型論は、ウェーバーの理念と理念型とどのようなかかわりをもつものであろうか。

大塚は、「もっぱらロビンソン的人間類型とりわけそのエートスを問題とした『プロ倫』」に続いて、その視野を拡大した『世界宗教と経済倫理』の紹介に進み、「儒教とピュリタニズム」、「ヒンズー教と仏教」のインド的宗教意識そして「古代ユダヤ教」を人間類型論にひきよせながら紹介している。そして人間類型論の社会科学における意義を述べて終えている。

プロテスタンティズムと資本主義の精神をとり扱ったウェーバーは諸世界宗教と経済倫理の研究に進んでゆく。だが彼の目的はあくまでキリスト教と資本主義の未来に注がれているのであって、過去は未来のためにのみ学ばれ把握される。だから、過去を学ぶとともに現在をそして未来を世界史としてとらえようとする。その作品が『経済と社会』である。『経済と社会』には、『支配の三類型』(第Ⅰ部第三章)、『支配の社会学』(第Ⅱ部第九章)の大論文が収められており、そこにウェーバーの類型論が明確にうち出されている。正当的支配の三類型として合理的性格の合法的支配、伝統的性格の伝統的支配、カリスマ的性格のカリスマ的支配の三つの純粋型が理念型としてうち出され論述されているのはよく知られている。そして、大塚はロビンソン的人間類型として合理主義的人間についてかなり詳細に、そして簡単に伝統主義的な人間をそれぞれ資本主義的、共同体的人間類型として打ち出している。では、どうして、大塚はウェーバーの支配類型論そのものを紹介しなかったのであろうか。理解に苦しむのである。

合法的支配の世界は大塚のいうロビンソン型人間の世界と照応する。そして、ピラミッド型に組み上げられ、目的合理的・形式合理的に制定せられた規則中心に動く官僚制が合法的支配の技術的にみて最も純粋型として社会の全ゆる領域、諸個人の生活の諸領域に拡大浸透することになる。ウェーバーが『プロ倫』で言った〈鉄の檻〉は、官僚制論＝合法的支配論として、他の支配類型と鋭く対比されつつ、徹底的に論じられることになる。そして〈鉄の檻〉の未来は次のように予言されている。「この生きた機械（官僚制組織）はあの死んだ機械（工学技術的な機械）と手を結んで未来の隷従の容器をつくり出す働きをしている。もし純技術的にすぐれた合理的な問題解決を唯一究局の価値とするなら、人間はおそらくいつの日か古代エジプトの土民のように、力なくあの隷従に順応せざるを得なくなるのであろう。」目的合理性を追求して純技術的に機械・装置と合体して進む組織は、不可抗的に拡大する随伴的結果によって〈パンドラの箱〉をあけてしまった。

大塚は『プロ倫』の鉄の檻とそこにおける人間の未来を紹介しながらも「まあ、こう言うことは本来の主題から離れますので、これぐらいにしておきまして、『プロ倫』をめぐる話はこれで終り、次回からウェーバーの巨篇『世界宗教と経済倫理』に関する問題に入りたい」と進むが、人間類型論そのものである支配の三類型を論じたウェーバーの巨篇『世界と社会』については何故か触れようとしない。

さて、大塚は最後に「Ⅳ展望」として、〈人間類型〉論の意義付けを次のように締め括っている。「社会がかくは、一方では〈ロビンソン的人間類型〉の達成とその帰結を、他方では非ヨーロッパの諸地域における伝統主義的な〈共同体的人間類型〉の達成とその帰結」をつぶさに分析し、「理想的人間像の構成にさいして応分の寄与をすることが出来ると私は考えている。」

果たして、大塚の言う通りであろうか。大塚のロビンソン的人間類型論は、すでにみたようにマルクスの人間論をとり上げながら、物神性論の展開として『資本論』をとらえることなく、ウェーバーを紹介しながらロビンソン的人間の経過的過渡的性格を重視することもなくその上、ウェーバーの人間類型論には言及するところなかった。

「理想的人間像の構想」および「非ヨーロッパ諸地域の伝統的な人間類型」の問題については、ここでは大塚は論じていない。だが、大塚の考えを推測させる「ロビンソン・クルーソーの人間類型」という論文が『近代化の人間的基礎』（筑摩書房）、とりわけその中に「ロビンソン・クルーソーの人間類型」と題する章がある。この論文は次のように結ばれている。

「ロビンソン・クルーソー的人間類型はすでにその歴史的限界に到達し、世界史はその揚棄を日程にのぼしつつあるといわれる。が、しかし、それはロビンソン的人間類型の単なる排斥や拒否を意味すべきであるまい。むしろ、その生ける方面はより高い人間類型のうちに止揚され、より高められつつ保存されねばならないとわたくしは考える。なぜなら、それこそが真の否定であり、揚棄であるからだ。だからこそ、わが国のように近代的人間類型の確定を殆どみない場合での経済（生産力）の正しい建設のためには、やはり、あの勤労、節約、周到、それを貫く自発的合理的な生活の組織化、また「強く」遑しい積極的な建設力、そうした内面的エートス（人間類型）の民衆的確立が特殊的に重要視されねばならないのではないかと思う。」（一九四七、八）

ロビンソンは近代的人間類型であり、資本主義的人間類型であると大塚はとらえ、ここに定立せられた人間類型に対比的に言及されているものは、社会主義的人間類型である。敗戦後、あの忌わしい戦争を惹き起こしたものは資本主義であり、戦争のない自由で豊かな社会主義を目指そうという大きなうねりが、日本に漲っていた。その時代背景のもとに書かれたものである。そして、社会主義的人間類型は資本主義社会の次に来るより高次の人間類型であるから、資本主義的人間類型＝ロビンソン的人間類型を否定したものではなく、より高められつつ保守しなければならない、それこそが真の否定であり揚棄であるという主張である。この論点は指摘だけにしておく、もう一つの論点は、日本のような近代的人間類型の確定を殆どみない社会にはロビンソン的人間類型の民衆的確立が重要であるという主張である。

果たして、大塚の言うようにその時「日本にはロビンソン的人間類型＝近代的人間類型が殆ど確立されず特殊的に重要」であったろうか。ロビンソン的人間類型が「勤労・節倹・周到、それを貫く自発的合理的な生活の組織化、また強く遑しい積極的な建設力、そうした内面的エートス」であると大塚が規定するかぎり、日本の近代化は既に国家をあげてまさにこの人間類型をもって日本の近代・日本資本主義の精神として、この人間類型の形成・確立に努めて来た。敗戦前に小学校に通った者は、誰でも校庭に立つ薪を背負いながら本を読む少年の像に親しみ、「手本は二宮金次郎」の唱歌を習い歌ったはずである。「勤勉力行」が彼と明治以来の日本の近代化の合言葉であり、二宮金次郎はそのシンボルであった。裸一貫の孤児金次郎が身を粉にして、朝早くから夜遅くまで働き、寸暇を惜しんで本を読み、さらには土地を借りて菜種を植えてそれを油にして夜もまた読書し、二〇歳をいくばくも越えず二町歩をこす地主となる、小田原藩家老の傾いた家計を数年でたて直し、藩主弟の破産寸前の領地（四千石が実際は千石しかとれない状況に農村荒廃）を、困難妨害を乗りきって復興。その後は次々に荒蕪と化した村々の復興を依頼され遂行する。幕府からは日光利根川分水の依頼をうるや、周到綿密な調査・計画に時間とエネルギーをかけた上で引き受ける。等々、大塚のいう「勤勉・節倹・周到、それを貫く自発的合理的な生活の組織化、また強く逞しい積極的な建設力」とは、二宮尊徳を形容するにこれ以上の言葉はない。この金次郎が日本近代資本主義の精神の権化として、国家的取扱いを受けたのはけだし当然である。そして、このエートスを資本主義の精神ととらえたウェーバーの凄さを感じるのである。

では何故大塚は、ロビンソン以上にロビンソン的である二宮金次郎に言及せず、日本を近代的人間類型の確立をほとんどみない国ととらえ、この「エートス（人間類型）の民衆的確立が特殊的に重要視されねばならない」という主張をしたのであろうか。

このロビンソン的人間類型について、二宮金次郎に全く言及しない大塚にたいして、彼の『歴史と現代』（朝日選書一四三、一九七九）を繙くと一段と分らなくなる。この本には、「ロビンソン・クルーソー」の生みの親の「デフォウの理論モデル」という章もあるが、内田義彦・長幸男が聞き手で大塚が語る「国民経済の精神的基礎」が収録されている。このテーマが内村鑑三と徳富蘇峰の対比において語られているのであるが、大塚は「私が学生時代に内村先生にお目にかかったとき社会科学をやれ」

と言われたと語り、内村的スピリットが日本に生き続けることを念願していると発言をしている。そして、経済の倫理化に言及して内村の『代表的日本人』にふれ、中江藤樹・上杉鷹山の二人には触れているが、二宮尊徳の名は出てこない。『代表的日本人』はアメリカに滞在したクリスチャン内村が自己及び日本人の理想像を、奔流のように押し寄せる西洋文化の中で日本人を見つめ直し新しい日本人像の形成を追求した本である。そして、内村が日本人としての誇りをもって選び出した五人は西郷隆盛・上杉鷹山・二宮尊徳・中江藤樹・日蓮であるが、何故かここでも尊徳の名を大塚はあげていない。

尊徳はロビンソン・クルーソー以上に大塚の言う「ロビンソン的人間類型」の典型である。では、尊徳とロビンソンはどこが違うか。違うところをあげてゆけば、孤島生活の中産的生産者と農民であり後に農村復興の仕法家の違いである。だが、行為において一番大切なものはロビンソンにとって〈経営〉であったというかぎり、尊徳にとってはロビンソン以上に経営が大切であった。では日本人とイギリス人の違いが問題となるか、ならないだろう。では違いは何か。ロビンソンの行動様式を生み出し支えた宗教・思想であるピュリタニズムと尊徳の思想・宗教の違いがある。

ロビンソンの意識と行動様式はプロテスタントとしての信仰に支えられていたものだが、尊徳のそれも同じく宗教に支えられたものであった。その宗教は彼自身のきびしい禁欲的・力強い建設的な世俗的生活そのものの中から神道・儒教・仏教を全く自己流に練り上げ昇化したものであった。したがって、尊徳教の特質はキリスト教が聖と俗に世界を二元的に分けるものであるのに対して、聖と俗の一元的世界であり、聖の世界は俗の世界に、俗の世界は聖の世界に根元的に一体のものである。プロテスタントは聖と俗の二元的世界を構築していたカトリック世界に両者を架橋することによって、ヨーロッパ世界の中に資本主義社会を誕生せしめる助産婦の役割を果たした。プロテスタントは近代資本主義の生みの親となり推進者となった。だが、プロテスタントの信仰は資本主義の成立・発展とともに稀薄となり、やがて消滅する。

尊徳はプロテスタントではない。プロテストする人ではない。彼はあくまで天＝自然の理に従おうとすると同時に人の理に即して行動しようとするのである。彼は異議を申し立て抗議しない。彼は天の理・人の理にあくまで従って行動することによっておのずから道が開ける世界を生きようとするのである。そのかぎりにおいて、ロビンソン的人間類型として大塚が打ち出す、勤勉・倹約・合理性のエートスにおけるかぎり、ロビンソンとは全く異なった意識と行動様式をもつ人間であり、プロテスタントのロビンソン以上にロビンソン的人間類型の手本たりうる尊徳は、プロテスタントのロビンソンと尊徳とは全く異なった人間類型である。だが大塚は、資本主義的人間類型としてのロビンソン的人間類型については信仰的要因をいれていない。

大塚は以上において私が指摘した点（職業・宗教の違い、そこからくる意識と行動様式の違い）から尊徳をロビンソン的類型とは異なった人間類型ととらえたから、尊徳に言及しなかったのであろうか。それは、大塚に聞いてみなければ分からない。しいて類推してみることにしよう。先にあげた『近代化の人間的基礎』のなかで、近代「以前」と「封建的」とは直ちに同じではないということを論じた箇所がある。「まったく常識からしても現在わが国に社会構成のうちにあって生産諸関係が著しく家族関係なかんずく親子関係に擬制せられている。やや誇張して言うならば、社会関係一般がなんらかの家族的構成によって擬制されているかのごとくである。」「直接農業と関係をもたない生産諸部門で、古代社会のパトロヌス＝クリエンスの関係を思い起こさせるような権威とア・ラモルな実力の支配を基礎とする生産諸関係が見出され、それが拡充されゆくところ、一種のオイコス（一家）が形成せられるということは、余りにも周知の事実であろう。」そして、大塚は現代日本になお残る前近代に対比させて、西洋の封建制をウェーバーの論述を援用しつつ、次のように言う。「ウェーバーは古典的な段階構成における〈封建制〉を〈個人主義的〉封建制とか、あるいは〈自由なる〉封建制とか言っている。そこでは、すでにある古い純粋家産制的な血縁擬制的社会関係から著しく解放され、それを支えている精神的支柱、あの旧い家族的恭順が著しく水割りされつつ、むしろ人格的誠実義務が基軸となっている。さらに、領主＝農民の関係を始め身分諸関係を支えている社会関係は、また、すでにあの古代的パトロヌス＝クリエンス関係のア・モラルな実力的支配＝服従を、単なる実力の肯定と讃美を越えて、人格的な誠実義務へと移行し――近代のそれとはもとより異なってなおある程度の実力の支配がみられるにもせよ――双務契約的な権利義務関係へと上昇している。」(1)

日本の現代資本主義企業はなおも古代社会を想起させる親子関係を基軸とする家族主義的家経営を想起させる実態をとっているのに対して、西欧封建制は既に領主と農民との関係が双務的な権利義務関係へと上昇している、という把握が、日本は未だに近代的な社会となりきっていない、そこでは近代的人間類型＝ロビンソン型人間類型が確立していない、という認識を導いたのであろうか。その認識に立って、いくら尊徳が勤勉・節約・合理性のエートスの持ち主であるという点においてはロビンソン以上であっても、神の前には皆平等であり、神を媒介として契約によってつながるキリスト教徒のロビンソンと親子関係を人間関係の基本とする道徳（儒教とつながる）の持主とは全く異なる。尊徳は我の存在の全ては何よりもまず父母の生育によるものであり、父母の渾元は天地の霊命にありととらえている。契約関係・権利義務関係をキリスト教によって、日本にもっともっと徹底させ、親子関係を払拭すべきであり、親子関係を重視する尊徳の名前は出すべきではない、と大塚は考えたのであろうか。

尊徳が宗教にまで高められている彼の思想体系のなかに、儒教も大きく取り入れられ融合せられていることは容易にみてとれる。大塚は「儒教とピュリタニズム」なる一節を『社会科学における人間』の第Ⅲ部「ウェーバーの社会学における人間」の中に置き、儒教のもつ合理性とその限界、儒教の担い手の関係からとらえた儒教と中国社会の合理化・近代化の限界を論じたウェーバーの所説を紹介している。だがそれだけであって、日本の儒教と日本社会の合理化・近代化をうかがわせるような文章はみられない。大塚は語りたい欲望を押さえ、禁欲しているのであろうか。

（1）　日本的経営を〈家の論理〉〈親子関係〉として把握した『家の論理』（文眞堂）を書くかなり以前に読んだ大塚のこの文章は、無意識的に私にイン・プットされていたであろうか。

おわりに

ロビンソン・クルーソーは、社会科学における象徴的人物として把えられている。それをマルクスおよびウェーバーにおいてみてゆき、さらにマルクスおよびウェーバーを論じながら自説を述べた大塚久雄を検討することによってマルクスおよびウェーバーを再把握してみた。

マルクスはロビンソンに、次のような象徴性を付与した。人間は諸欲求を充足することによって生存する。その為に労働手段をもって労働対象に働きかけて労働し、得られた労働生産物によって諸欲求を充たす。諸欲求をみたす為には諸物が必要であり、したがって労働手段と労働対象とりわけ労働の配分のバランスを不可欠とする。孤島の生活が多数の諸個人からなる社会に代っても、流通と分配の問題が加わるだけで、経済の本質は毫も変わるものではない。ここから、市場経済の商品世界をみたとき、すなわち生産者が誰も諸必要生産物の社会的バランスを考えることなく利潤追求の生産・再生産をしながら、しかもなお諸商品生産のバランスが全体としてとれて社会が存在しえる世界の必然は、人間生存の根源たる労働が価値の実体となって物象化し、商品・貨幣・資本という形態をとって、自然法則的に自己を貫徹する謎が、根源的に照射されてくる。

商品物神・貨幣物神に拝跪する悲劇・滑稽は、ロビンソンの孤島からみれば一目瞭然と言えよう。オウム信者の悲劇と同様に、貨幣物神に魂をゆだねた現代人は自然の全てと諸個人の全てを生贄に捧げつくそうとしているかにみえる。大塚は気付いてもなお群衆の流れに抗して進むことの出来なさをマルクスの自然法則性の説明に繰り返すが、滑稽と悲劇そのものには踏み込んで論じようとしない。マルクスの説く貨幣物神世界からの解放の予言、それは科学とまで言われたが、そのソ連邦を中心とした壮大な実験は失敗に帰したかにみえる。だが、ソ連邦の実験の失敗は、マルクスが『資本論』で解き明かした貨幣物神世界の秘密の論理から現代人が依然として解放されていないことを物語るのみである。経済学者は今もなお『資本論』の提起した問題、論理を超えていない。大塚がマルクスはその萌芽をもっていたが積極的には展開しなかったという彼の人間類型論は、言うまでもなくマルクスがロビンソンによって語らしめた問題提起を知悉しておりながら、これを意識的にか無意識的にか矮少化しまた避けている。

ウェーバーもまた、ロビンソンを象徴的に登場させた。彼は言う。プロテスタンティズムの信仰とその行為が西ヨーロッパに近代資本主義を生み出したのである。天国に召されるために現世を神の嘉せられる世俗的日々を送るという信仰的行為を貫く禁欲・勤勉・節約・合理性こそ資本主義の精神である。だが、勤勉・節約・合理性に貫かれたひたすら天職にいそしむ信仰的行為は、やがて信仰と職業の二つながらの生活に生きるようになり、やがて世俗的職業倫理に拠って経済生活に励むようになり、更にその職業的秩序はそこの住人にとってその秩序に従ってのみ生き、それ以外の一切を許容しない〈鉄の檻〉と化す、だが、同時にこの職業的秩序＝鉄の檻は無限の富を生み出し、そこの住人をして信仰心の最後の一片まで失わしめ富に酔いしれさせる。ロビンソンは、信仰と経済生活の二つながらを生きる人間、すなわち信仰中心の第一ステージに続く第二ステージのまさに資本主義成立時の象徴として登場せしめられているのである。信仰はわずかにもちながら経済行為中心のウェーバーが生きた時代の第三ステージで、そして更にウェーバーが Nichts と評する者たちの第四ステージを予言する。そして二〇世紀末の現在、日本人の殆どが第四ステージの登場人物と化している。

ウェーバーは、自らの予言を超える道を探す。『プロテスタンティズムの倫理と資本主義の精神』で上記の予言をしたわけだから、過去にさかのぼり、グローバルな視野で諸世界宗教と経済倫理の関係をそれぞれ検討し、更に支配を軸として社会と経済を過去から現在まで類型的に把握することによって現在と未来をより深く広く把握し洞察してゆく。

大塚は〈ロビンソン的人間類型〉をうち出したが、それは伝統主義から脱した合理主義的な人間と把握されており、ウェーバーが信仰と経済の二つながらを把えてロビンソンを登場させたのに、ロビンソンの社会的出自＝イギリス中産的生産者との諸連関を論じたにすぎない。信仰の側面はウェーバーの『プロ倫』の解説に委ねたのであろうか。それなら合理性とは何か。合理主義的世界とはいかなるものかを他の類型をも積極的に打ち出し対比しながら積極的に論じたウェーバーの業績について何故一言もしなかったのであろうか。何故だろうか。ウェーバーが現在に生き未来をみるために過去と現在を把えたのに対して、大塚は同じようにしなかったからだと思うしかない。

マルクスとウェーバーが生きた時代から、一世紀、それ以上も経とうとしている。二人が提起した問題を現時点で把えればどうなるか。そのような問いをいだきながら、ロビンソンのような有名人ではなく一般的には全く知られるところのないシュミットを、経営学の象徴的人物としてとり上げ論じてみたい。

第二章　象徴としてのシュミット

——経営学と人間——

はじめに

——ロビンソン・クルーソーとシュミット——

経営学において、経済学におけるロビンソン・クルーソーに比べられるような象徴的人物がいるであろうか。私は、経営学を学びはじめてすぐその人物を見付けた。彼の名はシュミット Schmidt である。彼は、経営学の父として経済学のA・スミスになぞらえられるF・W・テイラー（Frederick Winslow Taylor 1856〜1915）の『科学的管理の原理』（*Principles of Scientific Management*, 1911）に出て来る人物である。かつて私がシュミットにおいて見出した経営学の象徴性は、経営そして経営学をいかなるものと把握するかの私の経営観・経営学観とともに変化して来た。だが、シュミットが経営学における象徴的人物であるという把握は、その内容を深化・拡大させつつもち続けられている。

「シュミットが経営学の象徴的人物である」といっても、ロビンソン・クルーソーが超有名人として誰にも知られているのに対して、シュミットは経営学を学んだ人以外には知られてはいないし、経営学を学んだ人にとってさえシュミットを知る者は必ずしも多くはない。経営学を学ぶ者の多くが、テイラーそして彼の創り出した科学的管理を既に乗り越えられた過去のものとして取り扱い、したがってテイラーの書いた原典などこれを繙く者が少なくなっているからである。テイラーないし科学的管理の学説史的研究者はもちろんシュミットの名を知っていることは言うまでもないが、シュミットを象徴的人物としてクローズ・アップさせたものはいるだろうか。

では、シュミットは経営学における象徴的人物であるという言説はいくばくの説得力をもちうるであろうか、それは、テイラーの創出した科学的管理が経営および経営学にとって如何なる意味をもつか、そしてシュミットが科学的管理においていかなる位置、いかなる意味をもつ人物であるかの把握にかかっている(1)。

シュミットを描いたテイラーにおいて、彼は既に象徴的人間であった。シュミットは科学的管理を〈銑鉄運搬作業〉に適用した実験において、当時平均一日一二トンを四七トン運んだ男である。だが、シュミットは実在の人物ではない。銑鉄運搬作業の実験材料として選ばれた男がおり、現実に実験はなされた。しかし、その男の名はシュミットではなかったし、実験の経過とその内容はテイラーの記述とはかなり異なっている。テイラーは現実の事実に立脚しつつも仮構の物語をつくり上げたのである。シュミットは仮構の物語の主人公であり、既にテイラーによって象徴性は付与されて生み出された人物である。

物語の主人公の現実性と仮構性、そしてそこより帯びさせられる象徴性という観点からすれば、デフォーの創り出したロビンソン・クルーソーも全く同じである。ロビンソン・クルーソーの漂流孤島生活は仮構の物語であるが、そのもとになる事実としてアレキサンダー・セルカークの一七〇九年から四年四ケ月におよぶ漂流孤島生活の実話がある。実話もさりながら、それをもとにした作品となって象徴性は高められる。ロビンソン・クルーソーもシュミットも、両者ともに生まれながらにして象徴的人物である。デフォーもテイラーもともにそれぞれに象徴性をあたえてこの世に送り出している。

そして、読者もまたそれぞれに新しい象徴性を彼等に付与しうるのである。

それにしても、ロビンソン・クルーソーは一冊の本として描かれ、世界中で文庫本で流布され子供用のさまざまの版で親しまれているのに対して、シュミットはテイラーの『科学的管理の原理』*Principles of Scientific Management* の中の一節の中に登場するにすぎない人物であるし、この本の原書も訳書も今では古本屋で探すしかない。

このようなシュミットに経営学の象徴性を付与するという作業は、果たしてどれほどの説得性をもたせうるであろうか。そしてシュミットを論じて経営学の何たるかをどれほど語りうるであろうか。経営そして経営学の現在にまでシュミットの射程を伸ばして、現代に生きる吾々の運命についていくばくを語りうるであろうか。

（1）　科学的管理とはいかなるものか、科学的管理の三つの概念とそれぞれがいかなる射程をもつものであるかについて、拙稿「科学的管理の現在――三つの概念とその射程」（『中京経営研究』第七巻第一号）で論じた。本稿の基礎的論究でもある。

まず、テイラーの描き出したシュミット物語のすべてを紹介しよう。さいわい、それほど長いものではない。[1]

一　シュミット物語

著者がはじめてベスレヘム・スチール会社に科学的管理を導入しようとしたとき、最初に着手した仕事の一つは銑鉄運びであったが、それはその作業に一日の標準作業量である〈課業〉を設定することであった。

スペイン戦争の開戦当時に工場の側の空地に約八万トンの銑鉄が小さな山のように積まれていた。銑鉄の価格が非常に安かったので置きっぱなしにされていたのである。だが、戦争が始まるとすぐ銑鉄価格が昂騰したので全部売れて仕舞った。

銑鉄（俗称でズク）は九二ポンドのナマコ状の一人で持ち運べる形状となっているが、このズク運びはただ力があり辛抱強い男なら誰にでも出来る単純労働である。我々は、この極めて初歩的な作業を、これまでの旧式の日給制や出来高制でやるよりも一日の標準作業を課業として設定しそれを基準にして賃金を支払う課業制度にした方が優れていることを、この機会を利用して作業員にも工場所有者にも支配人にも大々的に示したのである。

ベスレヘム・スチール会社は五つの溶鉱炉をもち、その製品は長年にわたって一のズク班によって運ばれていた。この班は当時七五人ばかりであった。皆なかなかよいズク運びたちであり、その上にすぐれた職長がいた。彼はかつて彼自身ズク運びであり、職長として当時としてはどこよりも早く安く仕上げていた。

鉄道の支線が積まれたズクの端に沿って構内にひきこまれていた。貨車の片側には踏板が傾斜してかけられており、ズク運び人夫は重さ約九二ポンドのズクをそれぞれ自分の山から各自取り上げて斜めにかけられた踏板を登って貨車の端にそれを落とした。調べてみると、この組では平均一日一人で一二・五イギリス・トンを積み込んでいた。我々がこの作業を研究してみたところ、驚くべきことを発見した。それは一流のズク運びの一日の作業量は一二トンではなくして、四七ないし四八トンであるべきだということである。この課業は我々にとってあまりにも大きく思えたので幾度も研究をし直してみたが、我々は間違っていないことをあらためて確認した。

一度び我々が一流のズク運びの一日の適当な作業量が四七トンであるということを確認したとなると、科学的管理を導入しようとしている我々にとって直面する問題が、明らかに我々の前にあった。これまで一日一二・五トンの割合でなされていたが、これからは一人一日四七トンの割合で八万トンの銑鉄を貨車積みすることが、我々の義務となった。しかも労働者にはストライキを起こさせず、彼等と悶着を起こさずに、この仕事を仕上げる。そして、以前の一日一二・五トンの割合で仕事をしていたときよりも、四七トンという新しい割合で貨車積みする方が彼等にとってもっと幸福であり満足であるようにすることが我々のさらなる義務であった。

我々の為すべき第一段階は作業者の科学的選択である。この種の管理において作業者を扱うには、労働者を一人ずつ個々に語りかけ取り扱うことが不動の原則である。それは、それぞれの労働者がそれぞれの能力と限界をもっているからであり、一人一人を発達させて最高度の能率と繁栄をもたらすのが目的であって、労働者を集団としてとり扱おうとしているのではないからである。

我々はまず適当な労働者を見付けることからはじめた。そこで我々は三、四日この七五人の労働者を詳細に観察した。その結果、一日四七トンの割合でズクを運びうる体力をもっているように見える四人の男を選び出した。次いでこの四人についてそれぞれ注意深い研究をした。できるだけ過去にさかのぼって過去の経歴を調べ、各人の性格・習慣・野心などについてすっかり調べ上げた。そして最終的にこの四人の中からこれはと思える男を一人選び出した。その男は小柄なペンシルベニア育ちのオランダ人で、彼は朝工場に来るとき元気で急ぎ足でやって来て、夕方仕事を終えて帰宅するときも約一マイルばかりの道を元気でまた急ぎ足で帰ってゆくことが観察されていた。彼は一日一・一五ドルの賃金で働いていながら、既に少しばかり地所を買いこみ、朝工場に行く前と帰宅後自分のために小さな家の壁をつくっているということがわかった。彼はとてつもない〈ケチ〉で、金を何よりも大事にする男だと噂されていた。彼の事をある男が我々に、「一ペニイ銅貨が馬車の車輪ほどに見える男」と言ったほどである。この男を我々はシュミット（Schmidt）と呼ぶことにしよう。

次にわれわれの為すべき仕事は、シュミットに一日四七トンの銑鉄を運ばせ、しかも彼にその仕事を喜んでさせることに限定されることになった。この事は以下のようになされた。シュミットはズク運びの組の中から呼び出され、おおよそ次のように話しかけられた。

「シュミット、君は高い値打ちの男（high priced man）かね。」

「さあ、あなたの言うことが分からんです」

「分からんことはないだろう。私が知りたいことは君が高賃金をもらう値うちの男かどうかということだよ。」

「さあ、あなたの言っていること、分からんです。」

「そうかね、ともかく私が聞いている事に答えてくれ。私が知りたいことは、君が高い値打ちの男かそれともそこらあたりの安い連中と同じなのか、ということなんだ。一日に一・八五ドル稼ぎたいのか、それとも安い連中と同じように一日一・一五ドルもらって満足するような人間かどうか、それが知りたいんだ。」

「一日一・八五ドル欲しいかって。それが高い値打ちの男っていう意味ですか。それぁもう、私は高い値打ちの男ですよ。」

「どうも、手間のかかる男だなあ。それぁむろん君は一日一・八五ドル欲しいだろう。誰だって欲しいさ。だが、そんなことは君が高い値打ちの男だということとはまったく関係ないということを、君は知らねばならん。さあ、私の聞くことに答えてくれ、時間をムダにしちぁこまる。こっちに来たまえ。あそこにズクが積んであるのがみえるだろう。」

「ええ」

「貨車も見えるだろう」

「ええ」

「よし、君が高い値打ちの男なら、明日は一・八五ドルでズクを貨車に積み込むんだ。さあ、ぼやぼやせんですぐ答えるんだ。君は高い値打ちの男かどうか、言うんだ。」

「はあ、明日あの貨車にズクを積み込んだら、一・八五ドル貰えるんですか。」

「そうさ、むろん貰えるよ。一年中毎日、山のようなズクを貨車積みすれば、毎日一・八五ドル貰えるよ。それが高賃金の値打ちの男っていうことだ。しっかり分かったね。」

「はい、よく分かりました。明日はあのズクを貨車に積み込めば一・八五ドル貰えるんですね、毎日やれば毎日なんですね。」

「そうとも、そうとも。」

「そうすると、私は高い賃金の男なんですね。」

「そうだ。だがちょっとまった。それには君は朝から晩までこの人の言う通りにちゃんとやらなければならん。君はこの人を知ってるね。」

「いいえ、今がはじめてです。」

「それでは、君が高賃金の値うちのある男だったら、明日は朝から晩までこの人の言う通りにちゃんとやるんだ。ズクをとって歩けと言われたら、とって歩く。腰をかけて休めと言われたら腰をかける。一日中そうするんだ。それから、決して口答えをしてはいかん。高い賃金をもらう値打ちのある男は、言われた通りにちゃんとやって、決して口答えはしないものなんだ。分かったね。この人が歩けと言ったら歩く。腰かけろと言ったら腰かける。そして、決してこの人に逆らってはいけない。さあ、明日の朝はここに来て働いてくれたまえ。晩には君が高い賃金の値打ちの男かどうかわかるだろう。」

以上はかなり乱暴な言い方である。実際、教育された機械工や多少とも知的な労働者には、こんな言い方をするわけにはいかない。だが、シュミットのような精神的反応のにぶい男にはこういう言い方がむしろ適当なのであって、決して不親切ではない。なぜなら、こういう言い方をしたほうが、彼が欲しがっている高い賃金に彼の注意をむけて固定させ、仕事がきつくてとても出来ないだろうと思うほうに注意がいかないようにするのに効果的だからである。

いよいよシュミットは仕事を始めた。彼の側で時計をみている人から指示される通りに一日中、規則的な間隔をとって働いた。「さあ、ズクを取り上げて歩け。さあ、腰をおろして休め。」彼は働けと言われたときに働き、休めと言われたときに休み、夕方五時には四七・五トンを貨車に積み終えた。そして、彼は実際このペースで働き決して疲れるということはなかった。そして、著者がこの会社にいた三年間ずっと彼はこの課業を果たしていた。そして彼はこの期間を通じて平均的に一日一・八五ドル若干こえた賃金を稼いでいた。それまで彼は当時のベスレヘムの賃金相場の一日一・一五ドル以上のことはなかったのである。それは、課業方式のもとで働いていない他の労働者たちが受けとっている賃金より六〇パーセントも高い賃金を彼は受けとっていた、ということである。その後、つぎつぎに労働者を選び出し、一日四七・五トンの割合でズクを運ぶように訓練し、皆がその割合でズクを運ぶようになり、彼等のまわりの他の労働者たちより六〇%以上も高い賃金を受けるようになった。

〔付説〕シュミットとヘンリー・ノール

テイラーによるシュミットについての直接的な記述の部分を訳出したものが以上である。

私はこの部分を最初に読んだとき、This man I will call Schmidtという箇所にひっかかった。シュミットは実名ではないのかな、すこし修飾して書かれているのかな、と思った。後に、D・A・レンの*The Evolution of Management Thought*, 1979（車戸実監訳『現代経営思想』マグロウヒル好学社）の第六章「科学的管理の出現」を読んだとき、シュミットの実際の名前はヘンリー・ノール（Henry Knolle）である、という記述に出会い納得した。そして更に、原田実「テイラーの〈銑鉄運搬作業実験〉について――レッジ＝ペローニの研究に関連して――」（『九州大学経済学研究』第四二巻合併号）により、実際のシュミットすなわちH・ノールのベスレヘム製鋼会社における〈銑鉄運び実験〉の実際の状況をかなり詳しく知ることを得た。原田教授の許しを得て、紹介させていただく。

一八九九年三月、ベスレヘム製鋼会社副社長R・ダヴェンポート（Robert. W. Davenport）とテイラーは、銑鉄の貨車積込み作業を日給制から出来高制（単純な出来高払賃金ではなく、課業管理＝テイラー・システムの一環としての差率出来高賃金）へ切り換えるために、ギレスピーとウォル（James Gillespie and Hartley Wolle）に実験と観察を命じた。この二人によるレポートが残されている。

ギレスピーらは、当時いくつかあった班の中から二〇人からなる大部分が大男で力持ちのハンガリー人たちの班の班長ハック（John Haack）に、一〇人を選んで課業出来高制で働かせるよう依頼した。だが、三月一八日の開始日から、この一〇人は新しい出来高制のもとでは働かなかった。副工場長セイヤー（Robert Sayre, Jr.）は一〇人に解雇を申し渡し、実験は挫折した。

ギレスピーらに対し、別の班の班長エンライトが自分の配下を説得して実験に当たらせようと申し出たので、受け容れた。オランダ系四人、アイルランド系三人からなる七人であったが、彼らは課業出来高制で仕事をすることに脅しをかけていたハンガリー系のハックの班とは全く義理もなく無関係の労働者たちであった。オランダ系の一人がヘンリー・ノール（Henry Knolle）であった。初日三月三〇日に出勤して来たのは五人だけだった。翌三一日は三人に減り、その日の午後にはノール一人だけになり、彼は平均一二トンのところを、その日は四五・七五トン運び、一・七五ドル稼いだ。ノールはやせており体重一三五ポンド（六二kg弱）にみたなかった。

四月一日にハンガリー系のドダッシュ兄弟が加わったが、体力は十分にあったが、出来高をあげることが出来ず八日にやめた。ノールは、三日には四九トン、五日には五五トン積込んだ。またハックの班のハンガリー人が二人加わったが、「解雇されたハンガリー人から脅され生命の危険を感ずる」と言って、もとの職場に帰った。

五月中旬には、新しい出来高制に対する偏見や抵抗は弱まり、この実験に加わる労働者も増え、ノールをこえる出来高を上げる者が出て来るようになった。この重作業で負傷したり疲労したりした者は、退職ではなく、復帰できるようになるまで軽作業に配置転換されたことが、偏見・抵抗の弱まった理由の一つである。

そして、ギレスピー＝ウォル・レポートはノールに対する賛辞で結んでいる。「われわれはまたヘンリー・ノールの仕事が賞賛さるべきであると考える。彼はわれわれとともに新出来高作業班に最初からつねに加わり続けた唯一人の人間である。彼は最初から最大限に働き、そのことによって、現在の賃率でも、立派な労働者なら高い賃金がとれることを例証したのである。」

なお、ベスレヘム製鋼会社の記録では、ノールは一八七一年五月九日ペンシルヴァニア州シマーズヴィル（Shimersville）で生まれ、グッドウィル消防会社（Goodwill Fire Company）の志願消防夫を続けており、一九五二年二月二五日没、ベスレヘム記念公園内の消防隊墓地に葬られた。

さて、ラドガース大助教授のレッジとアルバータ大助教授ペローニが、ギレスピー＝ウォル・レポートを詳細に利用して、テイラーがノールやギレスピーらに正当な評価を与えていないことを指摘し、テイラーが読者の理解を助けるためとはいえ、仮構や創作をまじえていることは許されないと批判を展開しているのを、原田実教授は紹介している。(2) その上で教授は、テイラーの物語ったシュミットとギレスピー＝ウォル・レポートのH・ノールの実験観察結果とは、多くの細かい点で喰い違っているとしても、本質的な面ではかえってよく一致してさえいると言えるのであって、テイラーが述べるシュミットの通りに実験しても結果は実際の資料と大差ないものとなるだろう、と推測する。その上で経営学とくに労務管理における理論や技法が一般に実験や事例にもとづいて為されているときと、同じことが為されているにすぎないと結んでいる。

シュミットはテイラーが創り出した人物であり、シュミット物語はテイラーの創作であり、フィクションである。それは、テイラー・システムないし科学的管理の何たるかを示すためにつくられたものである。そして、創り出されたシュミットはテイラーの指導のもとに為された実験において主役を演じた労働者H・ノールの実際を踏まえて描き出されたものである。実際のセルカークの漂流の事実にもとづいたデフォーのロビンソン・クルーソーに対して、文学作品ではないシュミット物語もまた現実の実験をふまえながらも同じくフィクションであり創作なるが故に、象徴性を豊かにもつことになったのである。

（1） F. W. Taylor, *The Principles of Scientific Management*, 1911. Herper & Brothers, pp. 40～48, 上野陽一訳・編『テーラー・科学的管理』技報堂、一二三八～一二四四頁に主としてよった。
（2） C. D. Wrege and A. G. Perroni, *Taylor's Dig Tale : Historical Analysis of F. W. Taylor's Piglron Experiment*. Academy of Management Journal, Vol.17 No.1, 1974.

二　テイラー・システムとしての科学的管理とシュミット

シュミットは経営学における象徴的人物である、と言った。何故、そのように言うことができるのか。それは、経営学がいかなる学問であるかの把握にかかっている。

経営学は前世紀の末葉から今世紀の初頭にかけて、ドイツとアメリカで生まれて来た。ドイツにおいては経営経済学として、社会経済学に対する個別経済学、国民経済学に対する企業経済学ないし私経済学として、その頃次々に設立せられた商科大学の中心的科目として大学教授たちによって担われて来た。そして、アメリカにおいては工場管理の学 Shop Management として、イギリスを凌駕して発展しつつあった機械制工場の機械技師たちによって創られたアメリカ機械技師協会 American Society of Mechanical Engineers によって主導せられた能率増進運動の中から成立して来た。マネジメントの学、能率増進の学として成立して来たアメリカ経営学は、その時、経営経済学としての性格を色濃くもっていた。それは、ASMEと略称されるアメリカ機械技師協会の当時副会長だった H. R.

Towne（Yale & Towne Manufacturing Company 社長）のASMEに工場管理部会を設けようではないかという提案論文「経済家としての技師」一八八六年[1]の冒頭に鮮やかに描き出されている。私は、この論文をもってアメリカ経営学の呱々の声とする。

「われわれアメリカ人の全国民の名前の頭文字の組み合わせ文字、すなわち、われわれの貨幣単位のシンボルであるドルは、フィートや、分や、ポンドや、ガロンなどの示す記号と殆ど同じような頻度をもって、技師の計算の指標に結びつけられている。技師の仕事の最終的結果は、たいていの場合、ドルとセントの問題、すなわち貨幣的価値の問題に帰着するのである。このように述べることは、すべての技師の仕事にとって当てはまることであるが、とくに機械技師の仕事について当てはまることなのである。何故なら、彼らの職能が、他の場合よりもしばしば、工場の諸作業を組織し監督する執行的義務を含むからなのである。

最善の成果を確保するためには、生産的労働の組織は、単に生産される商品およびそれに採用されている工程について、技師として実際的に精通しているばかりでなく、さらに同じように、賃銀・供給・費用・会計、その他生産経済や生産コストに入り込み影響を与えるすべてのものに関連ある不可欠な諸要因をいかに観察し、記録し、分析比較するかの実践的な知識を持っている人たちによって指揮・統制されなければならない。」

タウンは、工場の生産技術を担う機械技師たちに向かって、単に生産技術の工学的な改善実施ばかりでなく、それを同時に貨幣価値的につかみ直し原価・利益・価格という経営経済的側面を統合的に把握する経営家・経済管理者たるべきを説き、同志を糾合し能力増進運動の拠点をASMEの中に創り上げたのである。

この運動の中で、タウンは分益制 The gain Sharing Plan, 1889. を発表し、能率増進による原価引下げで生じた利益部分を労使によって分ける制度を提唱した。続いて発表せられたハルセー F. A. Halsey の割増賃金制 The Premium Plan of Paying for Lahour, 1891. もまた、近代的管理の成立として画期とされるテイラーの科学的管理＝テイラー・システムの最初の著 Shop Management, 1903. に至る明確な里程標である。(2)

当時、現場における労働者の管理は職長の手中にあった。職長は配下の労働者を自分の手で集め、仕事をさせ、監督し、彼の手から賃金を支払う万能職長であった。機械技師たちが、機能の改善、機械の使用方法の改善・指導をする過程の中で、次第に職長に代って現場の管理者になってゆく。その最初のステップは、労働の対価である賃金の支払方法の改善であった。賃金支払形態は自然生的なものとして、時間賃金（日給制も当然含む）と出来高賃金である。労働の尺度として時間と出来高が考えられるところから自然生的なものとして古くより成立していた。この賃金形態にまさに人為的な賃金形態としてハルセーは割増賃金という形態を提起したのである。そして、それは現場で広く採用され、ローワンその他の類似の割増賃金の支払方法が考案せられていった。

労使＝労資対立の中では、時間賃金という支払方式は、単なる時間稼ぎの怠業を生む。そこで出来高賃金という支払方式が採用されるわけである。だが、頑張って出来高を多くあげると、平均的な日給賃金に見合うように単価切下げ rate cutting がなされる。更に出来高をあげるとまた賃金切下げがなされる。そして、それに対応して今後は労働者の側から組織的怠業がなされることになった。このような局面でハルセーは登場したのである。

ハルセーは、一日の標準作業量を課業 task として設定し、課業超過作業分に対して割増＝プレミアムを支払おうとしたのである。そのプレミアムの支払方法がいろいろと考案され、考案者の名を冠してハルセー割増制とか、ローワン割増制と称されたのである。まさに課業という時間と出来高を統合した概念をつくり上げ、時間賃金と出来高賃金とを結合した賃金形態を創り出したわけである。だが、それでもなお、組織的怠業はなくならなかった。この時、テイラーは初め課業を超えた者と課業に達しない者とに異なった率の賃金を支払うという差率出来高制を提案したが、更に課業の改定を経験や勘によって決めるのでなく科学的に決定するということを軸として、全く新しい管理の体系を構築することになった。

一日の標準作業量である課業を設定し、課業をどれだけ達成したかによって割増しを支払う割増制が、組織的怠業を防ぎ終息させることが出来なかった。割増制のもとでも作業量が上がり割増しが増加したとき、出来高払いと同じようにレート・カッティングがなされたからである。テイラーは課業の設定を経験やそれまでの記録によらず科学にもとづいて行なったのである。テイラーの目標は組織的怠業の根絶であり、作業量の増大であり、それにもとづく労使の繁栄であった。作業の科学にもとづいて課業はどのように決められたかを具体的に示せば、次の通りである。

まず、作業の動作研究・時間研究および作業条件の研究をする。作業は動作に分解され、無駄な動作は除き、有効な動作の一連をつくり上げる。それぞれの動作とその一連はストップ・ウォッチで計測され、最短・最速のものが採用される。作業の用具・環境も適切な方向に整備せられる。この作業分析・作業研究はそれぞれの作業を遂行するのに肉体的・精神的に最適の労働者すなわち一流の労働者 first class man が選び出されて為される。

一流労働者によってなされる最適動作の一連が最適の作業用具を用いてなされ、それをストップ・ウォッチで最短・最速で遂行して標準作業時間が決められ、更に毎日の作業の継続を可能にする労働力再生産のためのゆとり・休息時間とその配分が加味されて、一日の標準作業量が決定せられる。

このようにして設定された課業の実施は作業現場・工場現場を根本的に変革した。すなわち、これまで現場の支配的立場に立ち、その役割を担い果たしていた職長すなわち万能式職長の存在の根拠を一切奪った。彼に代って職能式職長すなわち作業の準備係職長・標準作業方法通りに指導する動作係職長、そして検査係職長に修繕係職長を置き、その上に計画部をもうけてそこに手順係・指図書係・時間原価係・訓練係の書記を置くことになった。課業通りに個々の労働者が作業することにより、作業工程は完全に計画部に握られることにった。万能式職長の手によって集められ、アメとムチで働かされていた労働者は、それぞれの作業の達成可能な最適労働者が選別採用配置され、教育訓練され、職能式職長のもとで作業して課業を達成し、課業の達成度にもとづいて賃金が支払われることになった。もはや組織的怠業など生ずることなど過去のものとなった。

以上の課業の科学的設定とその実施による組織的怠業の排除と作業量の著しい増大、その結果として賃金と低労務費の実現による労使の繁栄を、テイラーは以上のようなシステムすなわちテイラー・システムの創始によって実現した。

テイラー・システムと呼ばれるこのシスムテをテイラーと彼の追随者たちは科学的管理と命名した

が、このシステムの成立こそ、近代的管理の成立であり、テイラーによってアメリカにおける経営学がうち建てられたのである。そして、シュミットはテイラー・システム＝科学的管理における象徴的人物である。

シュミットは、先のシュミット物語で示されたように、銑鉄運搬に最適の労働者として、多くの労働者の中から十分な調査によって選び出されたテイラーのいわゆる〈一流労働者〉(first class man)である。そして、シュミットは動作研究・時間研究によってつくり上げられた標準作業の方法を標準的な手順と時間配分によって、標準作業量＝課業を教育・訓練によって、指示通りに遂行し達成する毎日を送るのである。

その結果、従来の作業方法では一日平均一二・五トンを運んでいたのを、シュミットは毎日四七トンを運搬し、それまで平均一・一五ドルの賃金を稼いでいたのを毎日一・八五ドル稼ぐことになった。シュミットはこれまでより、作業量を三・七五倍増加して賃金にして一・六一倍多く受け取ることになった。ここに高賃金と低労務費の秘密があり、高賃金・低労務費を実現することとなった。

テイラー自身、この銑鉄運びのシュミット物語において彼の創り出した科学的管理の本質が物語られていると言明し、科学的管理を説明する他の具体的事例のショベル作業、レンガ積み作業、自転車用球の検査作業、金属切削作業の前にもって来て、『科学的管理の原理』を論述しているのである。

テイラー・システムの成立には、二つの基礎的要因がある。一つは機械の発展であり、いま一つは労働組合の運動である。いずれも、資本制生産様式の一定の発展段階をまって、はじめて生まれて来るものである。資本制生産は利潤追求の生産であり、利潤はマルクスより喝破せられたように、労働時間の延長・労働の強化・労働の生産性の向上の三者を究局的な基礎とする。マルクスは絶対的剰余価値の生産、相対的剰余価値の生産の二範疇にわけている。

自然生的な一日の労働時間は、資本制生産によってはじめて無制限的に延長せしめられ、それに対抗して成立して来る労働組合運動によって時間短縮が実現することになる。後にメーデーとして世界的な記念日となる一日八時間労働の要求のストライキは、一八八六年五月一日にシカゴに起こったことはよく知られるところである。(3) 利潤追求は、大筋において労働の強化・労働の生産性の向上に向かわざるをえなくなる。労働の生産性の向上はより進んだ生産方法・機械の発展によって可能となるが、機械の発展は万能機・専門機・単能機の段階的発展を辿る。万能機段階における作業現場は、労働者の熟練を多く必要とするので労働者がそれぞれに自主的に作業をすることになり、現場出身の職長の支配下でアメとムチの管理のもとにおかれる。専門機段階になり、はじめて大幅に熟練度が軽減し、作業現場はようやく学校出の機械技師たちの支配下おかれるようになる。機械技師達が機械の発展・機械操作の方法、作業方法の研究をはじめ、労働の生産性の向上と労働の強化すなわち能率増進の運動を展開したのである。(4)

能率増進運動の頂点に立ったのがテイラーである。古い伝統的な管理ともいえないような成行管理 drifting Management は、彼によってはじめられた作業の科学にもとづく労働の生産性と労働の強化の近代的換言すれば科学的な管理のシステムによって超克せられた。それは資本主義の独占段階において成立し来たった管理システムである。このような意味をもつテイラー・システムをその成立の現場において典型的にかつ代表的に一身において体現しているシュミットこそ、近代的経営したがって経営学そして資本主義の独占段階を象徴する人物と把握してさしつかえあるまい。

（1） Henry R. Towne, The Engineer as an Economist, 1886. この論文の拙訳は『アメリカ経営思想批判』未来社に、若干のコメントをつけて付録として収めている。

（2） 三戸公・鈴木辰治・上田鷲沢『タウン、ハルセー、ローワン賃銀論集――分益制・割増制』未来社。

（3） 基礎経済科学研究所編『労働時間の経済学』青木書店。

（4） 拙著『装置工業論序説』有斐閣は、機械と装置の段階的発展と組織について論じている。また、近代的管理が成立して来る事実と論理は大島雄一『近代的管理の成立』成文堂。

三　テイラリズムとしての科学的管理とシュミット

テイラー・システムは何よりもまず技術的・具体的な管理の体系である。したがって、それは技術的な発展とともに乗り越えられ過去のものとなる。すなわち、機械がテイラー・システムを成立せしめた専門機段階から単能機段階へと進み、機械別工場から部品別工場へと進み、ベルト・コンベアによる移動組立生産方式を生み出したフォード・システムの出現により、過去のものとなった。そしてまた、ホーソン実験によるヒューマン・リレーションズの発見とそれにもとづく管理方式は、テイラー・システムを過去のものとしたと把握する。技術的体系としてのテイラー・システムを科学的管理と把握するなら、それは過去のものとなり、シュミットもまた限られた段階・限られた時代における管理の象徴的人物として過去のものとなる。

だが、科学的管理はテイラー・システムとして把握されると同時にテイラー・システムを生み出し、それを支える原理としても把握される。その原理・その思想をテイラリズム＝テイラー主義と言う。そして、テイラリズムは原理であり思想なるが故に、テイラー・システムという具体的な技術体系・管理体系の限界をこえて、その後発展を続ける具体的な技術体系としての管理の中に生き続けることになる。

科学的管理をテイラリズムと把握し、資本主義の独占段階に成立し発展をつづける現代的管理の基本原理として把握したのがH・ブレイヴァマンであった。そして、彼もまたシュミットをテイラリズムの象徴的人物として取り扱っている。

1　テイラリズムとマルクス主義

ブレイヴァマンは、彼の『労働と独占資本』一九七四(1)の中で、私がさきに紹介したシュミット物語の全部を同じように掲げている。そして、シュミットを軸にしてテイラリズムを三つの原理にまとめ説明している。彼もまた独占資本のもとにおける象徴的人物としてシュミットを把えたわけである。

ブレイヴァマンはテイラリズムの第一原理は、「これまで労働者たちがもっていた伝統的知識を全て集め、この知識を分類し、集計し、規則・法則・公式にまとめ上げることが管理者の任務となる」と把える。このテイラーの言は、労働者の技能を労働過程から引き離し、労働過程を熟練・伝統・労働者の知識から独立させ、労働者を全面的に管理者に依存させること、とブレイヴァマンは説明している。

第二原理は、「頭脳労働は可能なかぎり職場から取り去り、これを計画部に集めなければならない」ということである。このテイラーの言を、ブレイヴァマンは次のように説明している。管理者側に統制を保証するためにも、労働者を低廉化するためにも、構想と実行とは別々の職務とされねばならず、また、この目的のために、作業過程の研究は、管理者側のものとされねばならず、労働者のものとされてはならない。研究の結果は、単純化された指令にもとづく単純化された課業という形だけ労働者に伝達され、それ以外は、何も考えず、指令の基礎をなしている技術的理由やデータについて理解することもなく、指令に従うことだけが労働者の義務とされているのである。

第三原理は、課業の観念である。テイラーの言葉を引用すれば、「科学的管理において最も顕著な要素の一つは、おそらく課業という観念である。この課業は、為すべきことだけではなく、それを行なう方法とそれに要する時間とを詳細に規定するものである。科学的管理は、これ等の課業を作成し実行させることのうちに主として存するのである。」

ブレイヴァマンは以上のテイラリズムの三原理を次のようにまとめている。第一原理が労働過程にかんする知識を収集し、それを発展させることであり、第二原理がこの知識を管理側の排他的領分に集中すること――それとともに、ちょうどその逆の関係としての、労働者側でそのような知識の欠除――であるとすれば、第三原理は、知識にたいするこの独占を、労働過程の各段階とその遂行様式を統制するために、用いることである。

ブレイヴァマンは、科学的管理をテイラリズムと把え、テイラリズムは労働者のもっていた熟練・知識の一切を管理の側にうつし、管理者の計画のままに労働せしめることと把握した。それは資本制生産のもとにおける労働者の労働の資本のもとへの形式的包摂に続いて起こり深化する実質的包摂の具体的現実的な過程であり、様相と把握する。いうなれば、テイラリズムは資本のもとへの労働者と彼の労働の実質的包摂の具体的・現実的指導原理である。したがって、命じられた課業を、指示される通りに動作し、指示される通りの速度で働き、指示通り休息し、一日の作業量を指示通りに為し遂げる実験台となり、その通りに働く作業員となり、他の労働者の手本となり彼等を自分と同じような作業員たらしめたシュミットこそ、テイラリズムの象徴的人物であり、独占資本主義段階のもとにおける労働者の象徴である。

計画と執行の分離、精神労働と肉体労働の分離を中核とするテイラリズムが、資本主義生産の個人の意思をこえて貫徹する基本的原理の具体的・現実的な意識的原理であるとするなら、それは資本主義生産の廃絶せられた社会になるまでは、消滅し廃絶せられることはない。労働者が主人公となり、自らが計画し執行する精神労働と肉体労働が統合せられた社会すなわち社会主義社会が来るまでは、シュミットは象徴として生き続けることになる。

だが、ロシア革命にはじまるソビエト連邦その他の国々の壮大な社会主義国家の建設は、マルクスが目指した社会主義の理想としての「一人一人の自由な発展が全ての人の自由な発展の基礎となる共同体」の実現に向かっては進まなかった。すなわち、計画と執行の分離・精神労働と肉体労働の分離の止揚・統合の道を進まなかった。むしろ、社会主義国家はそれ自体が抑圧の器となった。そして、社会主義諸国家は一九九〇年のソ連邦とともに解体を進めている。

ブレイヴァマンは一九七四年当時に立って、ソ連邦において計画と執行の統合が実現せられていない現実をみていた。マルキストとしての彼はその現実を率直に認めたが、本来あるべきではないものの存在を次のように説明している。「計画と執行の分離の生産様式を生み出したものは資本主義であり、社会主義ではない。ソビエト主義においては、このような生産様式は反映的形態・模倣的形態にすぎないものであり、それは過渡的形態としてやがて消滅すべきものとして存在するにすぎないものである。」マルキストとして現実把握をする模範的解答というべきである。狂信的なマルキストは、マルキシズムに矛盾するような現実は、その存在さえも認めようとしなかった(2)。

ともあれ、社会主義を標榜した諸国家の多くが解体したいま、計画と執行の分離・精神労働と肉体労働の分離を象徴するシュミットは、これからも依然としてその象徴性を失うことなく、これからも生き続けるのであろうか。また、社会主義諸国の解体の進行は資本主義から社会主義へという歴史把握の見直しを迫るものがある。その新しい史観のなかでシュミットはいかなる位置と意味を与えられるであろうか。

2　テイラリズムとドラッカー

科学的管理をテイラー・システムとしてではなく、これをテイラリズムとし把握し、しかもテイラリズムの超克を唱導し、いわばドラッカーイズムとも言うべきものを展開したのが、P・F・ドラッカーである。いうなれば、ドラッカーはシュミットの象徴性に終止符を打ち、シュミットを過去の人として完全に葬り去ろうとしたのである。

多くの論者が科学的管理をテイラー・システムと把握し、これを過去のものとして取り扱っているのにたいし、ドラッカーは〈働く人間とその仕事の管理〉に関するかぎり、ヒューマン・リレーションズや人事管理学派の擡頭にもかかわらず、現場の管理は依然として科学的管理を基礎においていると把えた。「それは科学的管理の考え方である。科学的管理は仕事に焦点を置いている。その精髄は、⑴仕事を組織的に研究し、⑵仕事を最も簡単な要素に分析し、⑶それらの要素の一つ一つについて労働者の仕事の仕方を組織的に改善することにある。科学的管理は基礎概念ばかりでなく、直ちに適用しうる道具と技術とを備えている。科学的管理の有用性は容易に証明することができる。というのは、その適用の結果は、生産高の増大という、目にみえ、そして容易に測定できる形で表われるからである。」

まさに、彼は科学的管理を「管理の考え方」「管理に関する一つの体系的な哲学」「管理の指導原理」と把握している。具体的なテイラー・システムではなく、テイラリズムと把握しているのである。だが、テイラリズムには二つの盲点があり、一つは技術上の盲点であり今一つは哲学上の盲点である、と極めて根本的な問題を指摘する。

第一の盲点は、作業分析において作業の分解・分類・分析に力点が置かれ、諸動作を組み立てて一連の作業にまとめ上げることが軽視され、これが積極的に取り上げられていないことである。すなわち、分解・分析とは全く違った異次元のものであり、この二者は車の両輪の如く不可欠のものであるにもかかわらず、統合がないがしろにされていること、これが第一の問題であると指摘する。

第二の盲点は、科学的管理は〈計画と実行の分離〉を基本的信条としていることである。ここでも、統合の欠如の問題がみられるが、その上更に〈計画と実行の分離〉という考え方の底には、一方において少数の知識の独占者と他方における多数の無知者の存在の秩序を指向し、〈依らしむべし・知らしむべからず〉の思想がひそんでいる、と言う。たしかに、仕事を分類すれば計画と実行の二者に分解できるであろう。だが、仕事は本来この二者よりなるものであり、この二者を含み統合せられたものが一つの職務とせられるべきものであって、その二者をそれぞれ別個の職務とすべきではない。一つの仕事が計画と実行に分解できるからといっても、計画する者と実行する者がそれぞれ別人でなければならないという理由はどこにもないのであって、一つの職務がそれぞれ計画と実行の両者をもっていなければならないのだ、とドラッカーは力説する。そして、その技法をも提示したのである。ドラッカーは、テイラリズムの終焉を宣告し、したがって哀れなシュミットの死を告げ、新しい労働者像を提案したのである。

ドラッカーがテイラリズムとしての科学的管理を超える理論と技法を提示しえたのには、テイラーがテイラー主義を唱導した時代背景とドラッカーがドラッカー主義ともいわれるべきものを生み出した時代的背景の違いがあると思われる。

テイラー主義は、アメリカが資本主義の母国であり世界の工場といわれたイギリスを万能機段階から専門機段階へと追いこし、更には単能機的段階に入ってゆこうとしていた時期であり、技術的には熟練労働の単純労働化の時代そして労働組合運動の労働時間短縮の闘争・八時間労働日の実現しつつあった時代に、生まれるべくして生まれる運命にあった。それに対して、ドラッカーが〈計画と実行の分離〉を超克した全く新しい管理の次元を切り開くことを可能にした時代背景とその中で生き思索した過程はいかなるものであったのであろうか(3)。

ドラッカーイズムというるものの形成は何よりもまずドラッカーの人間観にある。その人間観は、ナチズムの抬頭そしてナチズムによって職を奪われ、大陸からイギリスへ、そしてアメリカに渡って、ナチズム批判の文筆活動を展開して行く中で鍛えられ、明確なものとなって結実していった。

ドラッカーは人間の本性を自由すなわち責任ある選択であると把握する。自由は気ままや束縛のないことではなく、置かれた環境の中で意思決定することである。人間は神と違って限られた知しかもっていないから意思決定は必ず過ちや誤りをおかす選択であり、したがってその選択は過ちや誤りに対する責任を負う選択である。自由とは、責任ある選択であり、人間の本性である。責任なき選択はまだ幼き幼少期のものであり、人の上に立って責任なき選択をするものは許されざる人でなしである。優越をたのみ責任意識なきヒットラーと彼に率いられるナチスを許されざるものと把えたのである。

彼は第二次大戦を全体主義の秩序によるかあるいは自由主義を基調とするかの産業社会の未来構想の戦いであると把握し、大戦後は〈自由にして機能する産業社会〉の建設のための文筆をふるうことになる。産業社会の基礎的・代表的な制度は大企業であり、大企業を自由にして機能するものとして維持発展せしめること、すなわち〈自由にして機能する管理〉の理論と技法の構築に励むのである。

〈自由にして機能する管理〉とは、大企業がそしてその各々の部署が、そしてそれぞれの部署の各人一人一人が、自ら目標を選択・設定し、自らが選択・設定した目標達成に責任をもつことを、管理の基本に据える。彼は目標管理を提唱したのである。そして、そのためには組織を中央集権的ではなく、可能なかぎり分権的に、各部門から最終の個人単位にいたるまで選択・決定と遂行の責任主体たらしめる分権的組織づくりをすべきであるとする。

分権的組織でなされるそれぞれの労働者とその仕事は、必然的に〈計画と実行の分離〉せられたものではなく、何をどのように行なうかの選択をそれぞれの労働者がなし、そしてその選択したものを自ら遂行し、それに責任をもつものでなければならぬ、とするのである。すなわち、組織を構成するそれぞれの職務は、それぞれに計画と実行の分離したものではなく合体したものとすべきであり、それはもともと人間本来のものとして可能であり、しかもそのようなものであるからこそ機能的である、と論じたのである。そして、彼の〈計画と実行の分離〉の止揚の理論は、産業社会の発展とともに益々現実味を加えていったのである。

ドラッカーは、産業社会の発展の中に知識社会の成立・発展をみる。その社会は多分にドラッカー理論によって牽引せられた部分もある。それは、これまで企業を生産・流通の機能を通じて利潤追究を目的とする存在とみていたのに対して、企業を社会における構成的な制度であり、従って企業維持こそ企業にとってだけでなく社会にとっての至上命令となり、利潤は企業維持のための不可欠の費用・未来費用であると把握し、企業目的は顧客の創造であり、それはマーケティングとイノベーションの二機能によってのみ可能となり、利潤は費用であると同時に目的達成の尺度である、との理論をたてたことによる。この理論により、世界は利潤追求に伴う一切のマイナス・イメージを払拭し、マーケティングとイノベーションのサバイバル競争の修羅場と化したのである。そして、マーケティングとイノベーションを担うのは知識労働者であり、知識労働者が肉体労働者に代って、役割的にも量的にも主役の地位を占めるようになって来たのである。企業において、資本でも、資源でも、労働でもなく、知識こそが決定的な要素となり、知識を担う労働者の管理こそが、管理の戦略的課題となってきた。

従業員の主力が肉体労働者であるときは、〈計画と執行の分離〉は有効・適切な指導原理となりえたであろう。そして、それを明示的に論述し、その技法の基礎を置いたのがテイラーであり、彼の唱導するテイラリズムであった。だが、知識労働者においては〈計画と実行の分離〉はむしろ機能のブレーキにすぎない。〈計画と実行の統合〉こそが、知識労働者の機能性を高める指導原理である。その唱導者がＰ・ドラッカーである。

〈計画と実行の分離〉を終息させ、〈計画と実行の統合〉の理論と技能を唱導するドラッカー主義によって、われわれは地に堕ちたマルクス主義に代って、新しい明るい未来を夢み展望することが可能となったであろうか。否、むしろ戦後五〇年ドラッカー理論の深くグローバルな受容によって築かれてきた現実は、世紀末というよりむしろ終末論的様相を世界は呈しつつあるかにみえる。ソ連圏の解体とともに、世界は二つの世界から一つの世界、すなわちマーケティングとイノベーションのサばイバルのグローバルな戦争の場となり、企業がそれぞれの生き残りをかけた目標達成は、同時にその随伴的結果としての地球の自然環境の破壊を生んで止まるところを知らない。いわくオゾン層破壊、いわく大気汚染・温暖化・異常気象、いわく土壌汚染・水質汚濁・森林枯渇・砂漠化・いわく動植物の種の絶滅。そして、社会不安・社会紛争のグローバルな拡大・深化。

人間の本性・人間の尊厳をうたい、その実現を企図してその実現を達成するかにみえた彼の理論と技法が、何故に人間の心身の健康な存続を脅かすようになったのか。それは、彼の把える人間の本性である自由すなわち責任ある選択が企業の機能、組織体の機能の理論的基礎として手段となり、企業そしてもろもろのノン・ビジネス・オーガニゼーションの組織的行動が生み出す目的的結果の達成のための責任論と堕し、組織体が生み出す目的的結果に必然的にともなって生ずる随伴的結果に対する責任が軽んじられ、無視せられるようになっていったからである。人間は限られた知しかもたず、必ず過ち・誤りを冒さざるを得ない存在であり、それに対しては責任を負わねばならず、責任ある選択こそ自由の本義である、と喝破したのがドラッカーである。人間の巨大集団たる組織体の選択が、巨大な富を生むと同時に人間をふくめて全ての生き物の生存を危うくしつつある結果に対して責任をとらないとすれば、絶望的な未来しかない。

たしかに、テイラー主義はドラッカー主義によって超克せられ、現実もまたそのように進行しつつある。テイラーリズムの象徴としてのシュミットは死んだ。だが果たして、科学的管理は完全に過去のものとなり、シュミットは死んだか。

(1) Harry Breverman, *The Degration of Work in the Twentieth Century*, 1974. 富沢賢治訳『労働と独占資本』岩波書店。主として、序説と第一部。なお宇野哲夫の力稿「熟練の衰退と科学的管理—H. Braverman をめぐる諸批判」聖マリアンヌ大学一般教育紀要第一〇巻がある。

(2) Alfred Sohn-Rethel, *Geistige und Körperliche Arbeit*, 1970. 寺田光雄・水田洋訳『精神労働と肉体労働』合同出版もまたマルクス主義の立場からテイラー主義について論じているが、ソビエトにおける肉体労働と精神労働の存続現象について、次のように論じている。「資本主義的私的所有の廃止が、生産組織に対する指令を簒奪者官僚階級に移すに過ぎた暁、それによって社会主義のために獲得されるものは何もない。」

私もかつて、この問題を『官僚制――現代における論理と倫理』未来社、一九七三において、マルクス、レーニン、ウェーバーに関説しつつ論じた。
（3）拙著『ドラッカー』未来社、および拙稿「ドラッカーの終焉」、「経営者支配の正当性――コーポレート・ガヴァナンス論としてのドラッカー」（『中京経営研究』創立記念号および第六巻二号を参照されたい。なお、桑原源次「ドラッカーのテイラー再評価に関する覚え書、⑴⑵⑶」（「白鴎大学論集」Vol. 8 No. 1・2）あり。

四　精神革命としての科学的管理とシュミット

科学的管理は、具体的な技術的体系としてのテイラー・システムを指す場合と、仕事と働く人間の管理の指導原理としてのテイラリズムを指す場合とがあることを述べ、そのいずれの場合においてもシュミットはその象徴的人物たるの意義をもつこと、そしてドラッカーがシュミットの終焉を告げたことを述べた。だが、更に科学的管理は異次元の第三の概念をもつものとして把握されうる。そして、この場合においてシュミットはなお象徴性を維持しうるであろうか。

この第三の意味における科学的管理の概念は、一九一二年一月に四回にわたって開かれた下院の「科学的管理特別委員会における陳述」において、テイラーによって表明せられたものである。この特別委員会が開かれるにいたったのは、テイラー・システムの導入に激しく反対しその採用禁止を求める労働組合の抗議によるものである。アメリカ労働総同盟の委員長S・ゴンパースは、科学的管理

について次のように言っている。(1)

彼は、テイラーが叙述したシュミットを引用して、「どうして、四〇%の賃金を稼ぐのに、四〇〇%の生産率をあげなければならないのか」と問い、〃生きている機械を完成させる機械化〃と論じた。彼は言う。「現場で労働している最終労働者に原材料を供給する機械の体系化はことさらに真新しいものではないが、しかし熟練機械工を理論的にもっとも有用な仕事につかせるために、肉体的・精神的にかれらを科学的につくりあげ、築きあげ、たたきあげ、そして迅速に仕事をさせようとすることは、われわれをして心そのものまでをも魔法にかけてしまうものである」と。

テイラーは委員会で、次のような陳述を行なった。「科学的管理は能率のシカケではない。能率を増進するためのあるシカケでもない。またはそういうシカケの一群をさしていうのでもない。また新しい原価計算法でもない。新しい賃金支払法でもない。出来高払法でもない。割増払法でもない。賃金支払法ではない。また工員のソバに立ち時計をもって、何か紙にかくことでもない。時間研究ではない。動作研究または人の動作の分析ではない。やたらに沢山の伝票を作り、〃この式でやって下さい〃といって、これを多くの人に分けてやることではない。機能的職長制度のことでもない。その他、一般に科学的管理といったときに、多くの人が心に浮かべる工夫をさしていうのではない。科学的管理という言葉をきけば、上に述べたような幾つかのことを思いだす。しかし科学的管理はこれ等のドレカを指していうのではない。」ここでは彼はテイラー・システムを科学的管理ではないと、断乎として主張している。

では、科学的管理とは何か。その本質は何か。

彼はそれは精神革命であり、それは偉大なる精神革命 the great mental revolution であるという。精神革命の内容は何か。それは労資双方の〈心からなる兄弟のような協働〉hearty brothery cooperation と〈経験から科学へ〉の二者であると言うのである。

第一の柱〈心からなる兄弟のような協働〉は、敬虔なキリスト教徒としてのテイラーの心からなる願いである。だが、この柱は能率化・科学化・機械化の流れの中では霞んでゆく運命を辿るかにみえる。そして、第二の柱〈経験から科学へ〉は大きな流れとなり奔流となって進んで行った。ともあれ、テイラーは科学的管理を精神革命であると宣言している。そして、この精神革命が科学的管理の第三の概念である。

第二の柱である〈経験から科学へ〉について、テイラーは「これまで作業者がもっていた伝統的な知識の全てを集めて一団とし、それを分類し、分析し、そこから規則・法則を導き出し、更に作業者を直接的に有効に助ける方式を創り上げる」ことと説明をしている。科学とは何かについてさまざまな難しい定義がなされているが、テイラーのそれは極めて具体的であり明快である。彼は「科学とはデータを集め（gathering）、それを分類し（classifing）、分析し（analizing）、表示し（tabulating）、そこから法則・規則（law & rule）を導き出し、更に作業に直接に役立つ方式（formula）を創り出すことである」と把握している。このテイラーの定義に、補足をするとすれば、データの蒐集に関しては何についてのデータであるかの限定が加えらるべきこと、そして分類と分析にはいかなる観点・方法をもってするかの限定がなさるべきであるということである。すなわち、科学はその対象と方法に関する限定を必要とし、その限定のもとでのみ成り立つものであり、その限定のもとでのみ言いうることであり、有効であるということである。したがって、限定を失えば、科学たりえないということである。そこに、科学は細分化、専門化の道を限りなく進むさだめにある。

さて、テイラー・システムにおける科学の対象は作業であった。そして作業の科学はテイラーの弟子達によって確立し発展して行き現在にいたっている。バース計算尺で知られるバース、ガント・チャートをつくり出したガント、動作記号をつくり出したギルブレス等々。そして現在、人間の作業の一切、人間の行為の一切が次々に科学の対象として研究されつつある。スポーツの科学、勉強・研究の科学、さらにはセックスの科学・娯楽の科学等々。

テイラーの作業の科学の次に登場して来たのが、人間関係の科学である。作業と作業条件との研究を企図して始めたホーソン実験が、意図しなかった人間関係・勤労意欲の対象領域を発見し、新しい研究分野を切り開き、経営社会学・経営心理学等さらには行動科学を成立させ、それにもとづく管理技法が展開され現在に及んでいる。

作業も人間関係も、それはいずれも管理そのものの研究ではなく、科学化ではない。ファヨールにはじまる管理そのものの研究はプロセス・スクールとして形をととのえて行くが、やがて理論的にはバーナード・サイモンに始まる現代管理論によって乗り越えられ、その科学化の道がひたすらに押し進められている。C・バーナードによって組織が研究対象として大きく据えられ、さまざまな方法でアプローチされ、管理の中核的機能としての意志決定の科学がH・サイモンによって確立され、さらに組織と環境との関係の精緻化によって組織文化・市場・技術等の新たな研究領域が登場するとともに、意志決定論は戦略論として具体的展開をみせている。

人間の行為、作業、そして人間協働における科学化が、テイラーによって始まり、そして次々にその研究対象の領域を発見し、その精緻化が押し進められつつあるのである。すなわち、テイラーに始まる経営学の研究の一切はいずれもテイラー自らが最後に宣言した〈経験から科学へ〉の精神革命の途上にあるのであり、科学的管理の第三範疇に属するものである。

では、この科学化という科学的管理の第三範疇の観点から、シュミットはいかなる象徴性をもちうるであろうか。

シュミットは、銑鉄運搬作業をするのに最適の労働者として選び出され、なまこ（海鼠）状の普通の人がやっと運搬できる位の大きさの銑鉄の塊を、どのようにして持ち上げ、どのように持ち、運搬し、降ろすかの動作分析・時間分析をし、最短時間で最大の運搬量を持続的になすための休憩時間分析も加味してつくり上げた科学的な作業方法＝マニュアルに従順に従って、標準的な作業量を長期間にわたってこなした人物である。

科学的管理は一流の労働者で標準・マニュアルに忠実な人物すなわちシュミットを選び出し、シュミットによって成り立つ。一流の労働者とは、特定の作業を為すのに最適の人物のことを言う。そして、テイラーは人間をそれぞれに特性をもち何等かの特定の作業の一流労働者であると考えていた。たとえば、犬に狩猟犬がおり、闘犬がおり、競争犬がおり、愛玩犬がおり、救助犬がおりといったように、全ての人はそれぞれに一流労働者たりうるのであり、すべての人はシュミットたりうる、とテイラーは考えていた。シュミットはマニュアルを指示通りに従順にマスターし、マニュアル通りに作業し、標準通りの数値化された成果を上げなければならない。そして、標準以上の数値の成果をあげてはじめて高賃金を受けとる。科学は事物をどこまでも細分化し、客観化し、数値化し、マニュアル化し、標準を設定し、序列化する。人間の創り出した科学が人間に命ずるところに人間は従い、容易にそれに抗しえない。

テイラーの『科学的管理の原理』を読み、シュミットの登場する箇所を読み、エキルギーに満ち溢れ、一ペニイ銅貨が車輪ほどにも大きくみえるほどお金を大事にし、しかも頭の働きがにぶく従順な銑鉄運びに最適な牡牛のような男に出合った大学教授たちは、思わずほほえむ。だが、シュミットにほほえんだ大学教授が、すこし自らをふり返ってみれば、自分がまさにシュミットその人であることに気がつくはずである。

アメリカでは、既に「年次教員評価」の制度[2]がとり入れられて久しい。学科長は、次の項目をふくむ印刷物をととのえる。一・各教員の講義内容と目標の記述、二・学生による評価（評価項目三〇～四〇）、三・同僚による評価（評価項目一五～二〇）、学部長による評価（評価項目一〇）。大学教授として適格として採用された教員が教授内容の明確な標準的記述とその配分と教育方法の呈示をまず求められる。教育と研究のそれぞれの細部にわたる分析にもとづく評価項目・評価基準を設けて、学生および同僚そして学部長から評価せられ、それが数値化せられて序列化される。その結果、その職に止まりあるいは去り、昇給しあるいは降給となる。この制度を大学改革の名のもとに、わが国にも文部省は導入することを大学設置基準の中に入れた。さらに任期制導入も国会を通った。大学教授は一人残らず、その職に最適の労働者たる一流労働者でなければならず、彼は数多くの項目に分けられた講義（準備、内容、方法、態度等々）の評価を学生から受け、研究に関しては同僚の教官から詳細な評価を従順にうけねばならない。詳細に分析され順序立てられた一連の評価項目は、そのまま教育と研究のマニュアルである。マニュアル通りに教育し研究して、はじめて評価され点数表示され序列化される。マニュアルにはずれたものは、良くても評価されず、悪くても評価されることはない。職にとどまり、昇給を願えば、忠実にマニュアル通りにするほかない。それぞれの教員の評価数値から標準値は算出され、各人は標準に達し標準をこす努力をしなければならない。標準的な授業内容を計画的に年間配分して授業することを求めるシラバス授業も既に実施されつつある。

一流労働者としての適格性、そして標準作業と標準作業量そしてマニュアルに従順・忠実であることを実証した人物シュミットは、肉体労働者時代における象徴的人物であった。そして知識社会といわれる現在における典型的な知識労働の職務担当者たる大学教授もまたシュミットが肉体労働において科学的管理のもとで賦与せられた基本的特徴を知識労働の担い手として全く同じようにもっている。大学教授もまたシュミットであり、現在においてなおシュミットはその象徴性を寸分も失うことなく大学教授において保持しつづけている。

（1）　J. T. Mckelvey, AFL Attitudes toword Production, 1952. 小林康助・岡田一秀訳『経営合理化と労働組合』風媒社、三四頁。
（2）　三戸公「資料：アメリカにおける〈年次教員評価〉、その様式と実例」（『立教経済学研究』第三八巻四号、一九八五）

むすび　シュミットの象徴性
――ロビンソン・クルーソーと対比した――

ロビンソン・クルーソーは、自主独立・勤勉と節約・合理的態度という近代人、また経済人モデルの原型としての象徴性をもっていたのに対して、シュミットはいかなる象徴性をもっているか。彼は始めから協働体系・組織体の中に組みこまれ、管理者の管理下に置かれた存在であり、自主独立の存在ではない。彼の勤勉と節約は自主的なものではなく、管理者の粗暴なあるいはプリミティブなかたちであろうと科学的に洗練せられたかたちであろうと、それは〈アメとムチ〉によって強制され誘導せられた節約と勤勉である。そして彼もまた合理的な行為をするが、それもまた自主的自発的なもの彼自らの積極的な合理的精神から流露するものではなく、それは強制された合理的態度・合理的行為である。テイラー以前すなわち一九世紀末において労働の現場は、それまで職長のもとにそれぞれの熟練・技能にもとづいてなお自主性を喪失しきってはいなかった。だから、創意と刺戟 initiative and incentive の管理、成行管理 drifting management と言われもした。それが、資本の実質的体躯としての機械体系が専門機となるに及んで、労働者は熟練をしたがってまた自主性を大幅に喪失せしめられ、更にテイラーの科学的管理によって作業における熟練・技能が科学によって管理の側に移転せられるようになったのである。

ロビンソンの自主独立にかわって、シュミットは命令に対して従順であり、組織に対して忠実である。シュミット物語の中にシュミットの従順と忠実は如実に描かれている。それは、シュミットの素材としての、ノールの記録にも十分に現われている。自主的に勤勉なのと他律的に勤勉なのとの違いは、自分の意思に従うのと他人の意思に従う勤勉との違いであるが、後者は更に指示せられたマニュアルに従って標準通りに仕事量をこなす勤勉である。すなわち、科学的管理下のシュミットの労働は、同じ他律的強制的な労働であっても、命令者の専断的な気まぐれの、場当たりの、楽なあるいは無理な命令に従うのではなく、周到に準備され、科学的に基礎付けられた指示に従う労働である。

ロビンソン・クルーソーの従者フライデーは、クルーソーのもつ銃の力とクルーソーのもつキリスト教に支えられた人格にもとづいて、クルーソーに従い彼の命令通りに行動した。シュミットは彼の命令者の人格によって服従したのではなく、示された科学的に組み立てられたマニュアル通りに行動し標準通りの仕事量を達成すれば高賃金が貰えるからである。

シュミットの原資料となったH・ノールは典型的な肉体労働者であった。彼は機械が万能機から専門機に進んだ段階における肉体労働者であった。専門機が単能機段階に進んだ流れ作業のコンベア・システムの労働に組み込まれた労働は、コンベアの速度に合わせて機械の要求するごとく僅かの単純動作を反覆するだけのものとなる。チャップリン描くところのモダン・タイムスに象徴されていること周知である。ここでの労働者もまた、マニュアルにもとづいて標準作業をするという限りにおいて、彼もまたシュミット的労働者であり、シュミットである。ただ、指示者・命令者が人間から機械にかわったにすぎないのであって、機械も人間も、この時機械と人間とを同じく律しているものは〈科学〉であり、合理性であり、機能性である。だから、労働者の持続性に支障をきたすとすれば、作業を規制する機械の速度を加減し、作業の単調性がマイナスと分かれば、作業者の意欲を増すような作業内容に組み替えることになる。ジョブ・エンラージメント、ジョブ・エンリッチメントがこれである。更には今流行の〈労働の人間化〉も。人間性を目的合理的に科学的に機能的に活用するものであるかぎり、そこにおける労働者もまた依然としてシュミットと何等異なるところはない。

機械が単能機段階から更にオートメーション段階に進めば、主力は肉体労働者から知識労働者に移って来る。知識労働者は自ら何をするか、それをどのように行なうか、そしてそれを何時までに成し遂げるのか目標を設定し、自分の意思にもとづいて自己管理・自己統制をする。知識労働は自己管理労働でなければ、十分な成果をあげることは出来ない。他律的な肉体労働者たるシュミットと自律的な知識労働者とはその点から言えば全く異なるかにみえる。だが、現代の知識労働者は自主的・自律的であるからといって、彼はロビンソン・クルーソーではない。どこが違うか。

ロビンソン・クルーソーの自主性・自律性はあくまで独立自尊の自立である。だが、現代の知識労働者の自主性・自律性は独立自尊の自立性ではない。さきに示したように、知識労働者の典型である大学教授の現実はロビンソンとは余りにも異なり、彼はシュミットとそっくりである。彼は、H・ノールが実績を示し、シュミットが観察調査の結果、一流労働者すなわち特定の作業の適格者として選ばれたように、大学教授もまた研究者・教育者として適格であるとの幾つもの試験・論文審査・面接を経てはじめて採用され、彼はさまざまな規則にもとづいて一週間を一ヶ月を一年を規則的に過ごし、公的なまたは私的な絶えず改善されるマニュアルにもとづいて教育と研究の労働を遂行する。その行為の評価は昇進・昇格・勤続と解雇につながる。law and rule そして formula に従って行動するのがシュミットのギリギリの本質とすれば、現代の知識労働者の典型たる大学教授もまたシュミット以外の何者でもない。

自主的・自律的に労働するかにみえた大学教授がロビンソンではなく、シュミット以外の何物でもないのは、ロビンソンが孤島の唯一人の住人であるのに対して、大学教授は大学という組織体の一員に過ぎない、という点にある。ロビンソンは神に対して従順であり忠実であった。大学教授は組織に対して従順であり忠実であらねばならず、組織維持のためにつくられた法・規則に従順・忠実でなければならない。彼は組織を構成する職務の適格者たることを示し続けることによってのみ、すなわち標準化された職務内容を規則に従いマニュアル通りにやって数値化される目標を達成して、はじめてその存在が許される。シュミットと大学教授の違いは、後者がなお自分は何がしかの自主性・自律性を保持しているとの幻想を懐いている点だけかも知れない。シュミットもまた自分は高い値打ちの男＝高賃金を貰う値うちのある者として自分を示すのだという意識＝自主性・自律性をもっていた。

いずれにしろ、人間労働が個人労働ではなく協働労働すなわち組織的労働の時代に入って来て、企業がその代表的存在として巨大な組織体として把握され、組織が具体的な人的体系・物的体系として武装して巨大化し、マーケティングとイノベーションのサバイバル競争の時代に入って来た。そして、協働労働すなわち組織体の行動の科学化の初発に立った肉体労働者シュミットの象徴性は、組織体の主力となり科学化を担う知識労働者たちにおいても、その象徴性は毫も失われてはいない。

そして、神の僕として忠実に生き神の栄光のもとに心身ともに満ち足りて生きたロビンソンに対して、現代に生きるシュミットはいかに生きているか。初代シュミットはボランティア消防士でもあった。そして、シュミットの生みの親テイラーもボランティアに生きた。

資本主義の曙に立ったロビンソンはやがていなくなり、〈精神なき専門人・心情なき享楽人〉たるニヒツどもが溢れて豊かさを謳歌する時代になるだろうと今世紀の初めにウェーバーは予言したが、その通りとなった、人間でもなければ神でもない組織と科学に仕える科学者・研究者という精神なき専門人が主力である組織の時代となり、彼らの主人公たる組織がつくり出す巨大な豊かな目的的結果に伴う随伴的結果がもはや地球の自然環境の危機的状況を一刻も放置することを許さぬ段階に達し、さまざまの社会不安を日を追い歳を重ねて深化増大させつつある世紀末を迎えている。

かつて〈クオ・ヴァディス、ドミネ　主よ、いずこに行きたもう〉と求め、やがてロビンソン・クルーソーを生み、神の嘉したもう現世を創り出そうとした社会が、やがてニーチェをして「神は死んだ」と言わしめる時代を迎えた。そして、今世紀の初頭に生きたシュミットとその子供たちがつくり出した現世は、今やダンテの地獄篇を彷彿させるものとなりつつある。


炎降る、焼けつく大地に炎降る。

神と自然の為すわざに、敢えて背きし者の群。

焼けただれ、焦げつく大地に、炎降る。

第三章　科学的管理の世界　その1
――レーニンとウェーバーの言説をめぐって――

はしがき

科学的管理 Scientific Management の創始者として、テイラー（F. W. Taylor, 1856〜1915）を経営学の父と位置づけ意味づけることには、誰も異存はない。もっとも、科学的管理をどのように把えるかについては、必ずしも一様ではない。ある者はこれを具体的な技術的な体系としてのテイラー・システムと把え、またある者はテイラー・システムを成り立たしめ形成している指導原理としてのテイラリズムと把え、さらにはまた彼自身が晩年に主張した〈対立から協調へ〉と〈経験から科学へ〉の精神革命として把えることも可能である。そして、その三者の把握は、それぞれに現代においてもつ意味を異にしている。その事については、既に第二章で論じている。

同じく経済学の父としての位置を与えられているアダム・スミス（Adam Smith, 1723〜1790）に、テイラーは時になぞらえられるが、テイラーが社会・人文科学においてもつ意味そして現代社会においてもつ意味は、アダム・スミスをはるかに超えるものをもっている、と私は考えている。

テイラーないし科学的管理が現代社会においてもつ位置と意味を把えたものに、テイラーよりほぼ十年後れて生まれそして死んだ二人の同時代の巨人ウェーバー（Max Weber, 1864〜1926）とウラジミール・イリイッチ・レーニン（1870〜1924）の科学的管理に関する言説がある。レーニンは、「汗を絞り出す科学的方式」一九一三年と「テイラー・システムは機械による人間の奴隷化である」一九一四年と題した小論文を『プラウダ』紙上にのせ、一九一七年十月革命の翌年一九一八年三月に執筆した「ソヴエト権力の当面の任務」の中でこれを取り上げている。そして、ウェーバーは大著『経済と社会』の「支配の社会学」で〈規律〉に関して論じた項の中で、科学的管理に言及している。出現したばかりのテイラー・システムに対するまことに素早い二人の対応である。いずれも短いものであり、ウェーバーのものはワン・パラグラフに過ぎない。だが、二人の巨人のそれぞれの社会観・歴史観において看過することの出来ないものとして、言及すべくして言及したものである。

レーニンとウェーバーはテイラー・システムないし科学的管理をどのように把握したであろうか。二人が示した科学的管理そのものについての理解は先に示した三つの把握をそのまま全体として受けとるという点において全く同じである。だが、当然のことながら、その位置づけ意味づけにおいては全く異なっている。それぞれの見解はいずれも科学的管理を媒体として現代社会の深奥に迫り、現代社会の根幹にかかわる把握である。その把握の当否は、二人がそれぞれに行なっている科学的管理に関する予言によって、世紀末の現在においてどちらが当たっていたかをみることが出来る。もっとも、すべての予言の当否の確定はいかなる次元において判断するかによって単純明快に確定されないものではある。科学的管理が現代社会においていかなる位置を占め、いかなる意味をもつかを、レーニン

とウェーバーの言説の検討によって見てゆくことにしよう。(5)

（1）ソ同盟共産党中央委員会付属マルクス・レーニン主義研究所編・レーニン全集刊行委員会『レーニン全集』大月書店、第一九巻。
（2）同上『レーニン全集』第二〇巻。
（3）同上『レーニン全集』第二六巻、及びレーニン二巻選集刊行委員会編『レーニン二巻選集』（社会書房）、第二巻第九分冊。
なお、『レーニン全集』第十九巻、第二〇巻からは引用が長きにわたったので、大月書店にその旨の許可をいただいた。
（4）Max Weber, *Wirtschaft und Gesellschaft, Grundriss der verstehenden Soziologie.* 世良晃司郎訳『支配の社会学――経済と社会、第Ⅱ部第九章・五節－七節』創文社、五二頁及び浜島朗訳『権力と支配』みすず書房、二五七頁。
（5）レーニンとウェーバーが科学的管理をどのように把えていたかについて、私は既に拙著『経営学』（同文舘、一九七八・一）のⅢ．組織と管理、二．科学的管理」の補論(1)・(2)として略述している。

一　レーニンの科学的管理観

レーニンは、テイラー・システムという言葉を使っており、科学的管理という用語を使っていない。だが、テイラー・システムという用語で示すものは、科学的管理をテイラーが論じた通りにその技術的な体系として、また指導原理として、さらに本質としての精神革命とも把握している。そして、彼のテイラー・システムに関説した文書三編は、いずれも短い。だが、これによってマルクス・レーニン主義といわれているものの真髄が鮮やかに描き出されているように、読みとれる。さいわい、いずれもそれほど長いものではない。原文を要約して紹介することにしよう。

1　第一論文「苦い汗を絞り出す〈科学的〉方式」、『プラウダ』第六〇号、一九一三・三・一四

「アメリカは資本主義の先頭に立っている。技術の最大の発達、進歩の最大の速度――すべてこうしたことが、古いヨーロッパを強制してヤンキーに後れまいとつづかせている。アメリカの技師フレデリック・テイラーの方式は、現在ヨーロッパで、またある程度ロシアでも、最も多く論じられている。

この〈科学的〉方式はどういうものであるか？　それは、同一の労働日のあいだに労働者から三倍もの労働を搾りだすことにある。もっとも才能ある器用な労働者を労働させ、一つ一つの作業、一つ一つの動作に費やされる時間の量を、特殊な時計で――秒で、何分の一秒で――記録し、もっとも経済的でもっとも生産的な作業方法を作りあげ、映画フィルムで優秀な労働者の作業を再現する、等々。

科学と技術の進歩は、資本主義社会では苦い汗を搾りだす技術を意味する。テイラーの著書から実例を示そう。銑鉄運搬作業は旧方式に比べて〈科学的〉新方式では、賃金の支払の資本支出は二分の一以下と低下し、労働者は四倍も働いて、利潤を増大させている。」

さて、テイラー・システム以前の管理は、〈創意と刺戟〉方式 Inisiative and incentive method と呼ばれる。それは労働者が経験と勘で彼の創意にもとづいて働き、管理者は単純なアメとムチで、せ

いぜい賃金の額と支払方法で刺戟を加えるといったものであった。この労働者の経験にもとづく作業を科学を用いて分析し、標準的作業方式・作業時間・一日の標準作業量を課業として設定し、その課業を基礎とした管理方式がテイラー・システムである。

このテイラー・システムが資本家的生産様式のもとにおいて、いかなる様相を呈し、いかなる役割を果たすかを、レーニンはテイラーの論述に拠りながら描き出している。

『資本論』の用語をもって言えば、資本の生産過程における剰余価値生産とりわけ相対的剰余価値生産の観点からする活き活きとしたテイラー・システムの把握と分析が単純明快に示されている。

テイラー・システムがいかなるものか具体的に説明し、それが労働の強化・労働の生産性の向上によって、いちじるしい労働者数の減少、一人当り生産量の増大、一人当り賃金のわずかの増大、資本支出の減少という成果をテイラーの論述の中から表示し、資本主義経済は労働者の苦い汗を科学的に絞り出し利潤に物化させるものであり、更にテイラー・システムは〈科学的〉方式による苦汗制度として段階を画するものだという認識を示している。

2　第2論文「テイラー・システムは機械による人間の奴隷化である」（『プチ・プラウダ』第三五号、一九一四・三・一三）

この論文は、第一論文の翌年に発表されたものであるが、それを踏まえさらに大きく展開されている。次のように書き出される。

「資本主義は、一分間も一つところにとどまっていることはできない。それは前へと進まなければならない。現代のような危機の時代にはとくに競争が激化するが、この競争は、生産を安上がりにするためにますます新しい手段を発明することをよぎなくされる。だが、資本の支配は、このような手段をすべて、労働者をいっそう抑圧するための道具に変えてしまう。テイラー・システムは、このような手段の一つである。」

レーニンが以上のように言った一九一四年の資本主義と一九九八年のポスト資本主義・脱資本主義とさえ言われている現在とどこが違っているのであろうか。資本主義という言葉は最近では〈市場原理〉にかわり、よい品をより安くの競争として美化され、この原理の更なる浸透・拡大が声高に叫ばれている。だがそれは、マーケティングとイノベーションの一分の休みない弱肉強食のサバイバルの競争であり、人は皆このサバイバル競争に自らを狩り立てる。

「最近、アメリカでは、この方式の支持者たちが、次のような方法を採用した。材料を工場へとどけるばあい、それをある職場から他の職場へ持ち運ぶばあい、製品を搬出するばあい、一分間でも余分に費やさないようにするための、新しい工場建物の設計がいくつもつくられる。もっとも優秀な労働者の作業を研究するために、その労働強度を増すために、すなわち、労働者をいっそうひどく〈追いまくる〉ために、科学・技術が系統的に利用される。

たとえば、一人の組立工のまる一日の作業が映画にとられた。彼の動作を研究したうえで、この組立工が腰をかがめるために時間を空費しないですむように、とくべつ高い腰掛がそなえつけられた。組立工の補助者として、少年工が一名つけられた。この少年工は、機械のそれぞれの部分品を、一定の、もっとも目的にかなったやり方で組立工に手わたさなければならなかった。数日後には、この組立工は、その機械の組立て作業を、以前に費やした時間の四分の一で完了したである！　労働生産性のなんという進歩だろう！……だが、労働者の賃金は、四倍でなく、たった一倍半あがるだけであり、それも最初のうちだけである。

あらたに就職した労働者は、工場の映像室へつれていかれ、ここで彼の受持作業の〈模範的〉動作を見せられる。労働者は、この模範に〈追いつく〉ことを強要される。一週間たつと、労働者は、映写室で彼自身の作業ぶりをうつした映画を見せられ、それが〈模範〉と比較される。」

ここで描かれているテイラー・システムは、第一論文で描かれたものより遥かにすすんでいる。第一論文のテイラー・システムは、テイラーの『工場管理』（一九〇三）に拠った内容であるが、第二論文のこのテイラー・システムは、テイラーの『科学的管理の原理』（一九一一）の内容を更にこえて進んだものを描いている。科学的な作業分析の具体的に進んだ手法、そしてマニュアルの作成とそれを未経験な労働者にマスターさせるのに、映画の利用。そして、材料を搬入し、製品を搬出するまでの間、工場の建物の設計・機械の配置と配列・そこにおける労働者の一切の労働の最速作業のマニュアル化と習熟による一分一秒の無駄の排除という叙述は、まさに〈ジャスト・イン・タイム〉方式を連想させ、〈トヨタ生産システム〉を彷彿とさせるではないか。レーニンは、科学を利用した管理の方式・システムの一切をテイラー・システムと把握している。テイラーが自ら〈科学的管理〉と称えた通りに把えていたのである。すなわち、レーニンはテイラー・システムを、単に作業の科学にとどまらず、また作業の科学にもとづいた管理システムにとどまらず、工場における一切の要因の科学化とそれら一切の科学化の全体を綜合する管理のシステムを科学的管理と把握していたのである。

このような認識をもっていた彼は、科学的管理の企業レベルでの意味を論ずるに止まらず、これを社会的レベルにまで拡大して把え意味づけている。

「これらの大がかりな改善はすべて、労働者の利益に反するやり方で行なわれる。それは、労働者にたいする圧迫と抑圧を増大させ、しかも、工場内部での合理的な、賢明な分業の範囲を出ないのである。

では、社会全体の内部における分業はどうか、という考えがうかぶのは当然である。資本主義的生産が全体として混乱した、混沌《こんとん》たる状態にあるために、今日どんなに大量の労働がむだになっていることだろう！　市場の需要がわからないため、原料が何百という買占人や仲買人の手を経て製造業者の手にわたるまでに、どれだけの時間が空費されることだろう！　たんに時間だけでなく、生産物そのものも失われ、破損する。そして、無数の小仲買人の手を経て製品を消費者の手もとにとどけるためにも、時間と労働が空費される。

資本は、労働者をもっと抑圧し自分の利潤をふやすために、工場の内部では労働を組織し、秩序だてる。だが、社会的生産全体では、あいかわらず混沌状態が行なわれ、増大し、それが恐慌をもたらす。そのときには、蓄積された富は買い手が見つからず、幾百万の労働者は仕事を見つけることができないで、失業し、飢えに瀕する。」

工場は多数の人間の協働体系であり、分業のシステムである。分業システムは自然発生的分業として、経験により機能的なものにつくり上げられ、更に資本制的分業として機能性の追求は自然生的な年齢的・性的なものを超えて追求され、なおも機械制分業となって進行する。テイラーの科学的管理はこの段階において成立する。科学的管理は、機械と機械の操作と、機械化されていない残余作業と、それら一切を目的合理的に機能化し管理してゆくシステムである。そのように把えていたレーニンは言う。「科学的管理は、工場内部での合理的な・賢明な分業の範囲を出ないのである。」

工場内部の分業は意識的・意思的・計画的になされ、それがテイラーによって科学的管理としてなされる段階に達した。だが、社会全体の分業すなわち社会が必要とするさまざまな消費財と生産財のバランスのとれた分業的生産は、資本制生産のもとにおいてはその全体を意識的・意思的に計画し統制する主体は存在しない。無政府的生産である。さまざまな消費財と生産財が必要な量だけバランスをとって生産され再生産されているのは、市場のはたらきである。だが、不足と過剰が物価を高下させ、物価の高下によって生産が調節されるわけであるが、その予測・予想は常に適中するとは限らず、生産量の長期の抑制は企業を死に到らしめる。しかも、景気変動・景気循環の波は自然法則のごとく自己貫徹する。

科学的管理は資源・資材の無駄を省き、エネルギー消費を縮減し、工場内の人的・物的資源の無駄と、一分一秒の時間の無駄を省く。だが、それとは逆に工場内の科学的管理が進めば進むほど、社会的分業の無政府制から来る無駄は増大する。売れない商品の集積の増大、それは資源の無駄、労働の無駄、時間の無駄であり排棄である。そして失業。

科学的管理を契機として、工場内分業と社会内分業の矛盾の増大は放置されるはずはなく、科学的管理は社会内分業の領域に入ってゆかざるをえない。レーニンは言う。

「テイラー・システムは、その創始者が知らないうちに、またその意思に反して、プロレタリアートが社会的生産全体をその手ににぎり、社会的労働全体を正しく配置し秩序だてるため自分自身の労働者委員会を任命する時を、準備する。大規模生産、機械、鉄道、電話——すべてこれらは、組織された労働者の労働時間を四分の一に短縮し、彼らに現在の四倍も多くの福祉を保障する、幾多の可能性をあたえる。そして社会的労働が資本への隷属から解放されるときには、労働者委員会は、労働組合の援助のもとに、これらの、社会的労働の合理的配置の原則を適用できるであろう。」

科学的管理は工場内分業の場において成立し発展する。だがやがて科学的管理は工場内分業の枠をこえ、社会内分業の領域にまで拡大し、社会内分業を無政府制から意識的・意思的・計画的なものとし統制的なものとする必然性をもつ、とレーニンは把えた。テイラーはそこまでは思っていなかったろうが、そうなるに違いないとレーニンは把えた。科学化・合理化の内的・外的進化は必然であり、科学的管理は工場内の枠をこえるに違いない。工場内の科学的管理が進めば進むほど、工場内の合理化が進み無駄が排除されればされるほど、社会内分業は非合理的となり、無駄と失業を増大するわけであるから、その無駄と失業の克服と社会的生産の合理化は実現の方向に向かわざるをえない。その担い手は、工場内分業の科学的管理のもとで搾取と抑圧にあえぎ、失業の不安と現実に脅かされている賃金労働者＝プロレタリアートである。彼らは資本制生産の科学的管理のもとで四倍働いて二倍たらずの賃金をえているのだから、自分達が社会的分業と工場内分業の主人公となって科学的管理を発展させるならば、「労働時間を四分の一に短縮し、四倍も多くの福祉を保証する」ことが出来る、とレーニンは言うのである。

社会主義社会は資本家階級を打倒し、プロレタリアートが権力を掌握し、社会的分業を無政府的ではなく計画的に行なう社会である。レーニンは、科学的管理を資本制生産が生んだ科学を利用した最高の搾取形態であり、更にそれは社会主義社会を生み出す契機でもあると把握していた。

では、彼は社会主義革命の実現したあかつきにおいて、科学的管理をいかに位置づけ意味づけたであろうか。

3　第三論文「ソヴエト政権の当面の任務」

レーニンは、一九一七年十月革命の翌年三月に、「ソヴエト政権の当面の任務」という代表的な論文を書き、その内容は党中央委員会によって審議され、「ソヴエト政権の当面の任務についての六つのテーゼ」として要約され、五月に党中央委員会の名において発表されている。その中に、テイラー・システムについて言及した個所がある。「六つのテーゼ」においては、第五番目のテーゼとして出てくる。

彼はこの論文において、まず呱々の声をあげたばかりのロシア・ソヴエト共和国が帝国主義列強の中においていかなる地位・いかに困難な立場に立っているかをのべる。それに対応して、急速なる経済力の高揚・強力な国防力の充実とソヴエト軍隊の創設・ソヴエト政権の確立と国際プロレタリア革命の成熟をはからねばならぬと大きく把える。具体的には生産と分配と消費の新しい計画経済のシステムを創りあげねばならぬ。そのためには、生産と分配すべての経済的記録と計算との統制の包括的な会計的システムを必要とする。ブルジョアジーを完全に打倒しプロレタリア権力が生産と分配の全記録・計算を全人民的に統制しなければ、計画経済の実現は不可能である、という。そして次に、

「いまとくに日程にのぼっているのは労働規律と労働生産性向上の諸方策である」という第五テーゼが出て来る。その箇所を引用しよう。

「働くことを学ぶこと——ソヴエト政権は、この任務をば、その全土にわたって、人民のまえに提出しなければならないのである。この点での資本主義の最後の言葉であるテイラー・システムは、資本主義の一切の進歩と同様に、——ブルジョア的搾取の洗練された残忍性と、きわめて豊富な科学的成果——作業の際の機械的運動の分析や、余計な不器用な運動の除去や、最も正しい作業方法の考案や、最も優秀な計算および管理の制度の採用などという、きわめて豊富な科学的成果とを、そのなかに結合しているのである。ソヴエト共和国は、この領域での科学および技術の成果のうちの貴重なものは一切、どんなことがあっても、自分のものとしてとり入れなければならない。社会主義の実現如何は、われわれが、ソヴエト政権とソヴエト的管理組織とを資本主義の最新の進歩と結びつけることに、成功する否かによって、決定されるであろう。われわれは、ロシアでテイラー・システムの研究と教習をはじめ、その系統的な試験と応用とをはじめなければならない。」

まさに、天才の筆致である。これ以上に見事なテイラー・システム＝科学的管理の何たるかを語った言葉があるだろうか。テイラー・システムは資本主義の最後の言葉である。それは、作業における機械的運動の分析、余計のもの無駄な労働の排除、最も正しい適切な作業方法の考案、更に最も優秀な計算制度と管理制度の考案・採用を科学的成果にもとづいて行なうものである、と言う。

だから、どんなことがあっても、ソヴエト・ロシアはテイラー・システムを導入し、定着させ、発展させねばならない。社会主義が成功するかどうかは、ソヴエト政権がテイラー・システムの導入に成功するかどうかにかかっている、とまでレーニンは言っている。

資本主義社会における科学的管理は科学的な残忍な搾取制度である。社会主義のもとにおいては、搾取制度ではなく労働者の幸福の基礎である。また資本主義下の科学的管理は工場内分業の枠内にかぎられるものであるが、社会主義下の科学的管理は工場内分業と社会内分業の全体を統一的に為されるものであり、社会全体の生産と分配が科学的に計画・統制され、それは個別企業と生産と分配の計画を統制と統合的に科学的管理しなければならぬ。それが社会主義経済であり、科学的社会主義というものである。だから、彼によって、「社会主義の成否は科学的管理にかかっている」という予言が生まれてくることになる。

レーニンは、「社会主義の成否は科学的管理にかかっている」といった。私はこれを予言という。この予言は、レーニンの意図に反して適中した。レーニンは科学的管理の導入と発展によって、〈四分の一の労働時間で四倍の福祉の実現〉を約束した。だが、その約束は実現されることなく、一九九一年にソヴエト政権は崩壊し、社会主義は壮大な実験に終った。

ソ連邦の崩壊はさまざまに論じられている。レーニンのこの予言の通りに受けとるのが正解だと私は思う。生産関係においては、資本家階級を打倒し、プロレタリア政権を樹立することには成功した。生産力においては市場経済を計画経済に変えた。そして、国家経済・産業経済・企業経済を科学的管理によって生産性の著しい向上をはかり、搾取と抑圧を根絶し豊かさを実現するはずであった。失敗したとすれば、科学的管理による生産性の向上において資本主義諸国に後れをとり、豊かさを実現することが出来なかったからである。

レーニンの指示通りにソ連は科学的管理の導入と発展に力をそそいだ。少なからざる研究が日本にも紹介されている(1)。

ではなぜ、科学的管理の導入と発展において、ソ連は資本主義諸国に対して後れをとったのであろうか。それは、科学的管理の発展において社会主義経済よりも資本主義経済の方が遥かにまさっているからである。

計画経済の下では、個別企業は計画を達成すればよく、超過達成による企業報償金が生産性向上の刺戟になるにすぎない。それにたいして資本主義経済のもとにおいては、個別企業はマーケティングとイノベーションのサバイバル競争を強制されており、マーケティングとイノベーションは言い換えれば科学的管理をいかに推し進めるかの戦いである。戦いであるというのは、科学的管理発展競争に敗ければ企業倒産と従業員の失業である。科学的管理の発展に企業の死活がかかっているのであるから、社会主義は資本主義にかなうはずはない。計画経済と市場経済の差が、レーニンの号令通りに科学的管理の研究が学者たちによって推進されたにもかかわらず、現実の企業の現場において、その後れを追いつくことも出来ず、ますます引き離され、豊かさを国民に実感させなかったことが最大の理由である。

社会主義ソ連の崩壊は、この豊かさ実現の失敗とともに、社会主義が理念的に求め実現を約束する搾取・抑圧に代わる自由であり解放の挫折であった。資本家による搾取と抑圧、貨幣・資本のもとに人間が従属する市場経済をプロレタリア独裁・計画経済によって廃絶し、自由と平等と平和が実現するはずであった。だが、ソルジェニーチンによって告発されたように、ソ連は〈収容所群島〉と化し

た。自由を謳歌したのは束の間、やがて抑圧の度を強めていった。(2)

この社会主義が自由をもたらさず抑圧の度を強め、豊かさをもたらしえない事をつとに指摘していた学者がいる。マックス・ウェーバーである。彼は、社会主義は抑圧の器である官僚制を一元的国家官僚制として強化するものであり、計画経済は実物経済・実物計算を基礎におくものであり、それは貨幣経済・貨幣計算に基礎をおく形式的・実質的合理性において遥かに劣るから豊かさをもたらさない、と把握していたのであった。(3)

(1)　エルマンスキイ『合理化の理論と実際』は日本にも翻訳された。内海義夫『労働科学序説』(法律文化社、一九五四)他はソ連の科学的管理研究の状況を紹介・論評している。

(2)　大崎平八郎「二十世紀のなかのソ連社会主義——諸説の検討と疑問の提示——」(『立教経済学研究』第五一巻第三号、一九九八・一)は、「ソ連社会主義はなぜ崩壊したのか」の諸説の紹介・検討と自説の開陳である。大崎教授は、私のここでの「社会主義の成否は科学的管理にかかっている」というレーニンの予言が意に反するかたちで当たったという拙論をどのように受けとられるであろうか。

(3)　M・ウェーバー「社会主義——一九一八年、ウィーンにおけるオーストリア将校への一般教養講話」(M・ウェーバー、濱島朗訳『権力と支配』みすず書房・付録)、濱島朗『ウェーバーと社会主義』有斐閣。

私もかつて、「官僚制と社会主義」(拙著『官僚制』未来社、一九七三第一章)でマルクス・レーニンそしてウェーバーがこの問題をどう把えていたかをみた。

二　ウェーバーの科学的管理観

1　科学的管理は規律の最終的帰結

マックス・ウェーバーが、科学的管理に言及している箇所がある。そこを取り上げることにしよう。

「アメリカ式の〈科学的管理〉方式 System der „wissenschaftlicher Verwaltung“ においてであり、この方式は、右の点では、経営の機械化と規律化との最終的帰結を実現している。ここでは、人間の精神的肉体的な装置は、外界、すなわち道具や機械が、つまり機械作用が、人間に提示する諸要求に完全に適応させられ、彼自身の有機的構造によって与えられるリズムは無視されて、個々の筋肉機能への計画的分割と最善の力の経済とを構成することによって、労働諸条件に適合するように、新たなリズムを与えられる。この合理化の全過程は、ここ〔経済的経営〕においてもどこにおいても、とりわけ国家的官僚装置にあっても、支配者の処分権力下に置かれている物的経営手段の集中と、歩調を合わせて進行する。(1)」


たったこれだけである。だが、ここで言っていることの意味は深く重い。彼がここで言っていることを一言でいえば、「科学的管理は経営の機械化と規律化の最終的帰結の実現である」ということである。この命題はいかなる根拠をもって立てられているであろうか。そして、それはどれほどの意味を現代社会においてもつものであるか。それにはまず、規律とは何かを明らかにしなければならない。

ウェーバーは言う。個人の行為の意義を後退させ、変形させ、根絶やしにするあらゆる力の中で最も抗し難い力をもつものが〈規律〉である。規律は個人的カリスマそして伝統的支配の身分的名誉にもとづく階級構成をも変形・根絶する。

では、このようなカリスマ的支配・伝統的支配をも後退・変形・根絶させる力をもつ規律とは何か。彼は次のように定義する。

「規律は、内容的には、受けた命令を徹底的に合理化された形で――すなわち計画的に訓練された・精確な・一切の自己の批判を無条件に排除するごとき仕方で――遂行すること、もっぱらこの目的のみに内面的志向をたゆまず集中すること、以外の何ものでもない。この標識に、さらに、命ぜられた行為の画一性《グライヒフエルミツヒカイト》という〔規律の〕第二の標識がつけ加わる。」

では、規律が命令と服従の一形態であるなら、同じく命令服従の形態であるカリスマ的・伝統的・合法的支配の三類型とどのような位置関係にあるものであろうか。この支配の三類型は、支配の正当性に根拠をおくものであり、服従者が彼の主観において服従する根拠をもつが故に服従するものであり、その服従の積極的な根拠による三つの分類である。したがって、主観性による三類型と自己の批判を一切排除する没主観性に立つ規律とは本質的に異なる。したがって規律はカリスマ的支配・伝統的支配のもとにおいても存在し、並存しうる。合法的支配もまた、法の形式的合理性・実質的合理性を服従者が問題にするかぎりにおいては主観的なものであって、それは没主観的なものではなく、規律とは異質のものである。だが、合法的支配の純粋型として官僚制支配となると、情況は違ってくる。

官僚制組織は規則中心で作られたシステムであるから、法的支配の純粋型と言われる所以である。規則中心ということの中味は、目的合理的に計画的に構成された職務体系の各職務は命令権と服従の義務とその強制装置とを規則でもって定め、その各職務はそれを遂行する意思と能力をもった資格者を規則で定めて任命することによって成立するものである。

かくして、官僚組織は、〈命令が徹底的に合理化された形で、計画的に訓練され・精確に・没主観的に合目的的に行為する〉ものとなり、規律の行きつくところとなる。だから、ウェーバーは言う。「一般的に言えば規律、特殊的に言えば規律の最も合理的な落し子たる官僚制・この両者はひとしく〈没主観的〉なるものであり、それ自体としては迷うことなき〈没主観性〉に徹して――規律の奉仕を望みまた規律を作り出すことに自己を役立てる。」

ウェーバーは、次に軍事規律を規律の有力な起源として論じた後に、「経済的大経営の規律」をとり上げ、そこでさきに引用した科学的管理に言及した箇所を出している。では、何故、〈科学的管理は経営の機械化と規律化の最終的帰結の実現〉であるのか。

軍隊の規律は規律一般の母胎であり、経済的大経営における規律は規律を教える第二の偉大な教師である。後者の規律には奴隷労働による古代のプランテーション、そして中世・近世の賦役労働による大農場や鉱山・土木の大経営の規律がある。これに対して近代資本主義的経営における規律は、先行諸形態の規律が伝統の制限によって奴隷所有者も領主も縛られていたので、規律は徹底することなく緩く、牧歌的な一面さえあったのに対して、徹底的に目的合理的なものとなった。

資本制的経営においては、最高の利益をあげるためには如何にすべきか、その努力をしなければ存続が許されないという完全な合理性追求の基礎の上に、そのために何等かの物的手段の合理性が追求されるとともに、箇々の労働者の合目的的な選択・訓練と労働支出の計測がなされることになる。それは、作業および作業をとりまく一切の諸条件を、科学的に分析し、法則化し、数値化し、一切の無駄をはぶいた一連の動作に組み立て、マニュアル化し、その成果を数値化する科学的管理によって、規律はまさに最終的帰結にまで行きつく。その現実的様相を彼は次のように描く。「人間の精神肉体的装置は、外界すなわち道具や機械が、つまり機械作業が人間に呈示する諸要求に完全に適応させられ、彼自身の有機的構造によって、労働諸条件に適合するように新たなリズムを与えられる。」動力源によって、合理的に配列された全ての機械が一斉に動き、それぞれの機械を作動させる作業とそれに従属する機械化されていない残余作業の一切が、科学的に分析され最短時間で遂行される一連の動作がマニュアルとしてつくり上げられ、全ての作業者はマニュアルを習熟する事によって規律体系は完成する。ウェーバーはこれを〈経営の機械化と規律化の最終的帰結の実現〉と言ったわけである。

2　官僚制組織と規律、予言

機械と人間を目的合理的に組み上げた規則中心の組織体、その機械化と規律化の最終的帰結の実現を、機能性の観点からではなく人間性の観点から把握すると、いかなる現実と未来が見えてくるであろうか。彼は、それを次のように把えている。

「生命のない機械は、凝固した魂である。機械の魂はまさしく凝固しているということの事態こそ、人間を仕事にかりたてる力、そして日常の労働生活を事実工場でみられるように支配的に規定する力を、機械に与えているのである。生きている機械もまた凝固している。生きている機械の役を演じているのは、訓練を受けた専門的労働の特殊化・権限の区画・勤務規則および階層的に段階づけられた服従関係を伴っている官僚制的組織である。この生きた機械は、あの死んだ機械と手を結んで、未来の隷従の容器をつくり出す働きをしている。もしも純技術的にすぐれた、すなわち合理的な、官僚による行政と事務処理とが、人間にとって、懸案諸問題の解決方法を決定するさいの、唯一究極の価値であるとするならば、人間は、多分いつの日か、古代エジプト国家の土民のように、力なくあの隷従に順応せざるをえなくなるだろう。なぜならば、官僚制は、他のいかなる支配構造と比べてもお話にならぬくらい確実に、ああした仕事をやるからである。(2)」

現代は普遍的に合理化の進展する社会であり、合理性・機能性を追求する合法的支配の純粋型である官僚制組織が〈科学的管理〉下におかれたときその最終的段階・完成形態を迎える。だが、この限りなくまた比類なく機能的・合理的な官僚制組織は、そのゆえに限りなく抑圧的であり、止めどもなく人間を抑圧し、人間はこの抑圧の容器の中で反抗すら不可能な存在となり、古代エジプトの土民のごとくひたすら隷従に順応するばかりである。そして、古代エジプトにおいてモーゼが父祖の地に導いてくれたように、カリスマの出現を待つほかないであろう、と言うのである。この予言をいま世紀末に立ってふり返り、果たして当たったというべきか、あるいはまた当たっていないというべきか。

ウェーバーは資本主義であれ社会主義であれ、いずれにしろ現代は普遍的な合理化・官僚制化の時代であるとみている。だから、社会主義革命がなった翌年の一九一八年、レーニンが先に掲げた「ソヴエト政権の当面の任務」の論文と布告を発表し、「さあ社会主義国家を建設しようではないか」と夢をふくらませ、その具体的建設のプログラムを述べた同じときに、ウェーバーはその未来は全く暗いと言いきったのである。

「国家的官僚制は、私的資本主義が除去された晩には、独裁的に威力をふるうだろう。今日では私的官僚制と公的官僚制とは、並行して、少なくとも可能性としては対抗して、活動しているから、とにかくある程度互いに抑制しあっている。しかしもしそのようなことになりでもしたら、この二つの官僚制はただ一つの階層的秩序《ヒエラルヒー》の中に溶けこんでしまうであろう。それは古代エジプトの再現のごとくであるが、ただ古代エジプトの場合とは比べものにならぬほど合理的な形で、そして合理的なるが故に逃れられぬ形で、それが再現することだろう。[3]」

社会主義国家の建設は、一元的な国家官僚制であり科学的管理によって国家も企業も一切の組織体を一元的に科学的管理をもって一元的に管理統制する体制の建設であり、その建設作業の進展はそのまま逃れようなき抑圧体制の桎梏の強化である。ソ連はウェーバーの言う通りとなった。〈一人一人の自由が皆の自由の基礎となる共同体〉へ向かうはずの社会がまったく逆の方向へ向かわざるを得なかった根拠はここにある。一元的国家官僚制のもとでは、個人は国家に対し訴訟を起こすことも出来なければ、労働組合はストライキをうつことも出来ない。そして、ソ連は〈収容所群島〉としてある作家によって告発され、内から崩れた。

資本制生産の社会もまた官僚制的国家であり、国家と企業その他諸々の組織体からなる二元的ないし多元的な官僚制国家である。ソ連社会主義国家が解体し、中国もまた市場経済の方向に編成替えしつつある現在、資本主義諸国の未来は、ウェーバーの予言通り人々は抑圧の器の中で呻吟し、古代エジプトの土民のごとく隷従に順応するばかりの年月を送ることになるのであろうか。この問いに答えるために、今一度〈科学的管理は経営の機械化と規律化の最終的帰結の実現である〉という命題にたち戻る必要がある。

この命題に続いて、次の文章がすぐ後に続いている。「科学的管理のもとでは、人間の自主的・自律的な精神的・肉体的な能力の発揮は完全に無視されて、機械を主とする労働条件に適合せしめられ、機械の作用に即応して有機的な生理的リズムは機械的リズムとする労働を余儀なくされる。」そしてこの人間の機械への従属の形で進行する規律の最終形態が抑圧の器への隷従として把握されたのである。そしてまた、規則中心でピラミッド型に組み上げられた官僚組織という、「生ける機械」の部品と化した人間の運命を抑圧の器への隷従とウェーバーは把握したのである。この組織部品としての人間、機械作用に即応する機械的労働の二要因にもとづく抑圧・隷従の深化という機能化・合理化と手をたずさえて進む人間の運命について、彼はほとんど呟きにも似た様相で語るのみである。彼が理論として展開し精細に論じているものは、合理化であり、機能性である。この観点から彼の官僚制論は長々と分析され論述されている。だから、「ウェーバーは官僚制の機能性を論じた学者である」、と組織論の研究者たちは位置づけている。

3 予言は当たったか
――レーニン・ウェーバー以降の科学的管理――

科学的管理の発展すなわち機能化の伸展は、ウェーバーが一九一八年に把握した人間労働の機械化・抑圧化の深化の方向には単線的にはかならずしも進まなかった。

たしかに科学的管理がテイラー・システム段階のときは作業の科学にもとづいて最速・最大を標準

とした課業の設定とその実施の体系であり、人間の機械化であった。ところが、工場内における科学が新たに人間関係という新たな領域を開拓するに及んで、労働の機械化の方向は労働の人間化の方向へ転換して来た。職場の人間関係が従業員の作業意欲に大きな要因として作用し、労働意欲・士気・モラールが能率・機能に決定的ともいえる要因として研究されるようになり、その研究にもとづく技術の開発が進められてきた。経営社会学・経営心理学・行動科学なる科学分野が成立してきた。労働意欲そして動機＝モチベーション、更にはリーダーシップの科学的研究が推進せられてきた。

ウェーバーリアンと呼ばれるアメリカ社会学者の一群がいる。彼らはウェーバーの官僚制研究はその機能性を論じたものであり、官僚制のもつ逆機能性を研究し克服すべきであるとした。規則中心で動く官僚制組織において、規則を懲罰的なものから安全・衛生的性格のものにかえる、職務内容の専門化・細分化・貧困化の方向から職務拡大 job enlargement, 職務充実 job enrichment の方向へ、職務階層をフラット化へ、その硬直性をダイナミックの方向へ、等々が提言され実現しつつある。(4)

科学は更に組織をつかまえた。組織はシステム・アプローチによって組織の構成要素を目的・伝達・意欲の三者として、それぞれの分析とその関係分析に進み、組織とその成員との組織均衡論も成立して来た。この領域をきり開いたC・バーナードによって近代管理論は成立し、科学的管理はテイラー・システム段階を脱することとなった。さらに、バーナード理論に連結させたサイモンの意思決定の科学が成立して来たとき、経営学者たちはテイラーそしてウェーバー官僚制論を過去のものとして超克したと自認した。

ドラッカーもまた、彼の先行者の誰よりも高く評価した上でテイラリズムの葬送をドラッカーイズムの提唱によって宣言した。すなわち、人間の本性は自由＝〈責任ある選択〉であり、計画と実行の分離を説くテイラリズムを超えて、全ての仕事・職務内容は計画と実行の二要因を含むべきであり、その組織形態として分権制、その管理様式として目標管理を設計し提唱した。

労働の人間化といわれる動向は、生産が機械中心から人間中心に移行してきた趨勢に伴っている。生産における決定的要因が機械であった時代すなわちテイラー・ウェーバー・レーニンの時代は、道具から機械への時代をすぎ、機械が万能機から専門機へと発展し、ようやく専門機から単能機段階に達しようとした時代であった。人間労働は機械に奉仕する肉体労働中心であった。だが、機械の自動化はオートメーション段階へと進み、機械はさらに頭脳作用の機械化としてのコンピュータ・パソコン段階へと進んで来た。技術はハードもさりながらソフト重視となり、生産における決定的要因は機械その他の物的資源ではなく人的資源となり、肉体労働から知識労働の時代となってきた。知識労働者の管理には、機械の付属物としての肉体労働者の管理すなわち人間の機械化は通用しない。知識労働者の管理は自主性の保証であり、勤務形態・組織形態さえも変えてきた。タイム・カード制廃止、フレックス・タイム、在宅勤務等々、時間による拘束はゆるみ、拘束的労働は自主的な労働形態をとるにいたった。更には、ピラミッド型組織形態の硬直的な階層制も、管理階層の減少、フラット化が進められ、弾力的なプロジェクト・チーム、マトリックス組織等々が生み出されてきた。

経済人仮説に立つ伝統的な管理理論に代わってバーナードの全人仮説に立つ管理論が出現し、サイモンの意思決定の科学が成立するに及んで、ウェーバー官僚制論は完全に過去のものとして葬り去られたかの観がある。すなわち、テイラー・システムを古典的・機械的モデルとし、それはヒューマン・

リレーションズを出発点とする動態的・動機的モデル――ウェーバーの機能論を肯定しながらも官僚制組織の逆機能制の指摘とその克服を論じたアメリカの一連のウェーバー学者の見解――へと進み、さらに組織が意思決定のシステムとして把握されるにおよんで、ウェーバー官僚制論は完全に克服されたとされるようになった。

4　予言は当たらなかったか

――ミッツマン『鉄の檻』によせて――

ウェーバーのあの暗い予言は、過去のテイラーの時代、すなわちウェーバーの時代を背景とした組織、テイラー・システム段階の科学的管理で武装せられた現実を反映したにすぎないものであろうか。A・ミッツマンもまたそのような見解を、『鉄の檻――マックス・ウェーバー、一つの人間劇』(5)（一九七一年）なる一冊でもって表明している。その序論に言う。

「ウェーバーのペシミズムを通じて語られていることは、歴史的真理でもなければ科学的真理でもない。ウェーバー自身がそこに囚われていると見ていたかの〈鉄の檻〉と、われわれの現代世界との間には驚くほどの類似性があるが、それにも拘らずわれわれの選択の自由は彼のものよりはるかに開かれたものであり、もろもろの価値はわれわれにとってははるかに流動的であって、われわれは人間味を失った官僚制に抗して自分の運命を自分で切り開くことを決意している。ウェーバーのヴィジョンの中核には、ただ彼の時代の真理が横たわっているにすぎない。」

ミッツマンは、ウェーバーの理論・ヴィジョン・予言を、「近代社会は不可避的に合理化の進行する社会であり、それは限りなく官僚制化の拡大・激化する社会であり、それは〝鉄の檻〟と化して人間を隷従に順応せしめる」と把握し、そのペシミスティックなヴィジョンはウェーバーの家系・生い立ち・性向・生活・境遇・そして当時の社会状況により生まれたものであり、〈鉄の檻〉はウェーバー個人の心的傾向と彼の生きた限られた時代背景を超えるものではないことを、『鉄の檻』と題して論じたのである。

たしかに、人は生いたち、境遇に生きる。人は環境に生き、環境を越えて生きることは出来ない。ウェーバーもまた時代の子である。だが、同じ環境のもとにある人が把えたものを、他の人もまたそれを同じように把えるとは限らない、人間とは何か、社会とは何か、歴史とは何か、その深奥に迫る才能と努力によって、同じ事象をいかに位置づけ意味づけるかは異なってくる。人は時代に生き、そしてその時代を超えうる。少なからざるウェーバー学者たちが、さまざまにウェーバーを把え論ずる。そして、それぞれが描くウェーバー像は異なってくるのと同じである。そして、ミッツマンはウェーバーを合理化・官僚制化・鉄の檻化というシェーマにおいて把え、それがウェーバーの生涯といかにかかわっているかを論じ、時代を超えないものであり、彼のヴィジョン・予言は当たっていないと論じている。果たして前世紀から今世紀の始めに生きたウェーバー理論の射程は、今世紀の終りにはとどいていないものであろうか。それは既に過去の理論となっているであろうか。

「魂をこま切れにする官僚制的人生観のこの圧倒的支配から、わずかに残されている人間性を保持するためにはこの組織に対して何を対置すべきか」と、ウェーバーは機能性を求めて進みつつある見通しる限りの未来まで続く現代が内包する苦悩を一身に担おうとした。そのウェーバーの苦悩は、官僚制組織への嫌悪感、周囲の大学教授たちの鈍感と俗物性へのやりきれなさという個人的感情にすぎないものであり、その枠を大きく越えるものではなかったのであろうか。

彼の個人的な官僚制組織に対する感情から出発したであろう彼の問題意識は、個人的枠をこえて、世界諸宗教と社会秩序との関係を探究させ、経済と社会との関係とりわけ支配の諸類型を析出させ、法的支配その純粋型としての官僚制組織の精細な機能的分析に向かわせ、その分析と分かち難い事象として官僚制組織の抑圧的傾向を把えた彼である。彼の個人的感情は厳しく理論的把握、壮大な歴史的把握によって昇化せられたものとなっている。したがって、彼の理論と理論的枠組みとの関連を問うことなく、彼の理論・彼のヴィジョンを彼の個人的性向の次元に引き戻し切り捨てるわけにはいかない。

ミッツマンは、「われわれは官僚制組織〈鉄の檻〉に抗して自分の運命を自分の力で切り開く決意をしている」と言う。その決意表明の基礎は、われわれの時代はウェーバーの時代と比べて遥かに大きく選択の自由が開かれ、硬直的な社会は大きく流動的な社会へと進みつつあるからだ、というのである。果たしてその通りであろうか。私は先に科学的管理の発展は、テイラー・システムの強制的・機械的硬直的性格のものから、自発的・自主的・流動的な内容へと理論も技法も進んで来たことを述べたが、この事実はまさにミッツマンの主張が真なるものであるかにみえる。それにもかかわらず、私にはミッツマンの主張もまた、彼の現代社会における官僚制組織との関わりにおける個人的感情に立脚するものであり、しかもその感情の昇化・客観化は不徹底であるように思える。彼の社会認識・歴史認識の体系の中で〈鉄の檻〉の位置と意味が問われなければならない。

官僚制組織における諸個人に与えられた拡大しつつある自主性・自律制・自由そして組織の弾力性は、そこにおける人間が官僚制組織に抗して獲得したものではない。組織の本性である組織維持と機能性が強制労働よりも自発的労働を指向したからである。知識労働が肉体労働よりも重要となり、知識労働の生産性に組織の存続は左右されるようになり、知識労働は強制労働では生産性を発揮することが出来ず、可能なかぎり自律性・自主性を賦与することが機能性を発揮するからである。奪い取った自由であれ、与えられた自由であれ、自由は自由である。だが、組織が与えた自由はあくまで限定した自由であり、無制限・無限定の自由ではない。すなわち、組織が与える自由は組織の存続、機能性の発揮のかぎりにおける自由である。

より具体的に言えば、組織目的を有効的に達成するための手段的性格のものであり、手段を目的とした目的達成行為を自発的・自主的・自律的に行なうものである。組織目的を最高目的とし、その目的を分割し細分化した目的を自主的に達成しようとする労働である。それは自分で目的を設定し、目標を定め、行為を自己統制し、目的を達成し、それに責任をもつ労働である。他人が目的を示し、目標をかかげ、その達成を強要する労働ではなく、一切を自己管理する労働である。しかも科学的管理の現実的な具体的労働としてなされる労働は、フォーミュラ・モデル・マニュアルが示され、標準が設定され、一切が数値化され、序列化され、それに応じて処遇される労働である。世界の大学教授の処遇は、この科学的管理下の自由な労働の動向の中にある。

肉体労働のみが強制のもとにおかれたウェーバーの時代、当時大学教授はまだ知識労働をフォーミュラ・モデル・マニュアルの下におく科学的管理段階にまで発展していない。ウェーバーが現代の科学的管理下の大学官僚制のもとで生きたら何と言うであろうか。彼は魂のこま切れ・魂の圧迫を嘆いたが、魂さえ管理下におき、自由に自主的・自律的に働くことを促迫する管理環境を何と言うであろうか。このような環境に生きているミッツマンは管理される自由の拡大の動向の中に生きて、「選択の自由はウェーバーの時代より拡大したから官僚制＝〈鉄の檻〉に抗して自己の運命を自分で切り開く」という決意表明をしている、あのウェーバー『プロテスタンティズムの倫理と資本主義の精神』の末尾の条りの嘆きは、誰に向かって述べられているか。彼の決意表明の基礎は、いくばくの対象把握・確かさをもつものであろうか。

たしかに組織は流動性をもち始め、労働力の移動の機会をまし、労働は自主性をむしろ強制されさえして来た。自己実現という人間の最高の欲求をさえ、組織は満足させようとさえしはじめた。何で、この時勢に〈鉄の檻〉論か。ウェーバーは、「抑圧せられる」とは言わない。「隷従に順応する」という。管理のもとにおかれる自主性・自律性によって推進せられる〈選択の自由〉を素直に肯定するミッツマンの主張は、まさに隷従に順応した主張と評されるべきであろうか。

5　意欲されなかった結果
――随伴的結果――

ウェーバーは、長々と『プロテスタンティズムの倫理と資本主義の精神』を論じ来たって、最後にあの信仰・勤勉・禁欲の資本主義の担い手たちが〈鉄の檻〉の住人と化し、「精神なき専門人、心情なき享楽人、これらどうしようもないニヒツどもが生まれてくる」との予言のワン・パラグラフを置いた。そしてまた官僚制組織の機能性を周到・綿密に分析した長い『支配の社会学』では、官僚制の〈鉄の檻〉化については論じていない。そして、別の論文『新秩序ドイツの議会と政府』の中で、たった二つのパラグラフで「古代エジプトの土民のごとく隷従に順応せざるを得なくなるだろう」と言う。何故、積極的な明るい側面に関しては綿密な学問的な分析を周到に展開しながら、負の側面に関しては文学的な人を射すくめるたった一本の凄い矢を放つだけなのか。その疑問を解く鍵は彼の「社会科学および社会政策の認識の〈客観性〉」一九〇四年の中の次の一節にあるように思われる。

「いっさいの出来事は大きく連関しあっているものであるからして、意図されたその目的をいつかは達成するのだが、それとは別に、それといっしょに生ずるようないろいろの結果をば、確認できることもできるのである。そのときわれわれは、その行為者にたいして、彼の行動の意欲された結果と、意欲されもしないのに生じてきたことの結果とを、彼が秤量することが出来るようにしてやるのであり、このようにして、次の疑問にたいする回答を与えてやっているのである。すなわちそれは、意欲された目的が達成されると、それ以外の価値が傷つけられることが予想せられるというかたちにおいて、その達成には「どんな犠牲がともなうのか」という疑問である。大多数のばあいに人間の努力の目的となるものはすべて、この意味において何ほどかの犠牲を払うものであり、ないし犠牲を払うことがありうるのであるから、責任をもって行動する人間が自己反省をするばあいには、その行為の目的と結果との交互の秤量ということなしにすまされるものではない。[6]」

ウェーバーがここで述べていることは、人間の行為は意図された目的をもって為されるが、そのとき一切の出来事はすべて連関し合っているものであるから、必ず意欲されなかった結果（die ungewollten Folgen）が伴って生ずる。だから、意欲された目的が達成されると、意欲された価値以外の価値が傷つけられ、犠牲を伴う。従って、責任をもって行動する人間は意欲した合目的結果とそれに伴って生ずる意欲されなかった結果とを比較秤量することになる、ということである。そして、これにつづいて、比較秤量の素材提供には科学は役立ちうるが、比較秤量して行為を継続するか・やめるか・異なった方法をとるか、どの価値をとり、どの価値を捨てるかについては、科学は何も応えることは出来ない、と科学の役割・限界を明らかにするのである。だが、ここでまず重要なのは人間の行為は意欲された目的が達成されたかどうかの結果と同時に、意欲されなかった諸結果が必ず生じるという、いわば自明ともいいうる事実の指摘である。(7)

この動かし難い事実の把握に立脚して、ウェーバーは合理化・機械化・官僚制化を把え分析した。人々が合理化・機能化を求めれば求めるほど官僚制化は進展する。だが、機能性の追求は人間のもつ他の諸価値を犠牲にせざるをえない。機能性のひたすらな追求は豊かさをもたらすではあろうが、人間の魂を枯らしてゆく、人々を〈鉄の檻〉の住人と化す。だから、官僚制組織の機能性を分析することとは同時に抑圧性の深化の指摘であると、彼は考えていたのであろうか。意欲せられた目的としての豊かさ、その手段としての協働行為と官僚制組織の機能性の追求、機能性の追求として強化せられる官僚制組織の強化、それはそのまま人間を抑圧する意欲されざる結果である抑圧性を深化させる、という図式において理解できる。ウェーバーはそのように把握していたのであろうか。そのように、彼は明言はしていない。

彼は、「責任をもって行動する人間は」行為の目的と、行為の結果生まれてくる意欲せられた結果及び意欲されなかった結果とを必ず比較秤量し、そしてその個人の良心・世界観にもとづいて行為の続行あるいは中止を決める、と言っている。では、豊かさ・機能化と抑圧化の比較秤量はどうするのか。人は豊かさ・機能化をあくまで求めて、〈鉄の檻〉の中で豊かさに酔うことに満足するであろうことを、ウェーバーは嘆いたのであろうか。

人間行為における意欲せられた結果と意欲されなかった結果との問題は「あまりに明白であるがために無視されがちな事実であり、この事実を第一義的に重要事として研究を進める」と宣言した学者がいる。C・I・バーナード（一八八六～一九六一）である。(8) 彼は求めた結果がどれほど達成されたかを〈有効性〉とし、求めた結果と求めなかった結果の両者が行為者にどれほどの満足・不満足をもたらしたかを〈能率〉と概念づけた。個人行為においては能率いかんが行為の続行か、中止を決めることになる。だが、協働行為＝組織体においては、能率は個人が組織体における行為を続行するかどうか、組織が個人に提供する誘因と個人が提供する貢献のバランスとなる。それは、個人が組織において行為する満足・不満足の問題だからである。

さて、ウェーバーもバーナードもともに求めた結果と求めなかった結果の問題を主として個人レベルでのみ論じて組織レベルで論じていない。すなわち、バーナードは組織体が求めた結果を有効性の問題として把握したが、組織が求めなかった結果については一言も触れていない。この問題がスッポリと抜け落ちている。ウェーバーは、官僚制組織における機能性の追求と抑圧性の深化の併進を意欲された結果と意欲されなかった結果として把握することの類推を可能にしている。だが、個人行為においては比較較量・行為の続行・中止に言及しながら、協働行動においては何等触れることはない。

ただ、隷従に順応するばかりと諸個人の在り様について述べるだけである。

ここで、意欲した結果・意欲しなかった結果、求めた結果・求めなかった結果という個人的色彩・主観的色彩をもつ言葉に代えて、つき離した客観的な表現、個人的行為にも組織的行為にもいずれにも通じる言葉として、それを目的的結果と随伴的結果と表現したらいかがであろうか。そう表現したら、バーナードのような、またウェーバーの不徹底から抜け出ることが出来ると思われる(9)。

個人的行為においては、随伴的結果の問題は個人的レベルにおいては重大問題となりうる場合もあるが、それは社会的には必ずしも重大事とはかぎらない。もっとも、個人的行為が社会現象の一環である場合は話は別である。だが、組織的行為においては、随伴的結果は極めて重要な問題である。それは、目的達成のためにどこまでも多額の資金、人員、機械と設備、科学・技術の諸手段が投入され、巨大な厖大な精密な目的的結果が生みだされると同時に、それと同じかあるいはそれ以上の随伴的結果が生まれてくる。この随伴的結果が自然環境に投げこまれたとき、地球危機と呼ばれはじめた自然環境破壊が進行しはじめた。また、社会に随伴的結果が及ぼす現象こそ社会不安の増大である。

企業その他の組織体が、目的達成のために注ぎこむ時間とエネルギー、人と金、それが生み出す随伴的結果を組織体の構成要員、とりわけ経営者が自己の責任として取り組まないかぎり、破壊した自然環境によって自己の存続が不可能となるまで、随伴的結果の生産は続くであろう。企業を主力とする官僚制組織に諸個人はからめとられ、その従属の下で生きる。それは家族を分断し、バラバラにし、大家族を核家族、核家族を単身家族として生物的・社会的な人間の基礎的単位を破壊する。そして、各組織体は単身化した家族の一人一人の即物的諸欲求を掘り起こし拡大して、財とサービスを提供する。教育制度として官僚制的組織化した学校は、官僚制組織社会に即応し適応する人材を送り出すべく官僚化した教師たちが子供に接する。そこで育ちつつある次の社会を担う青少年の心の闇と犯罪の多発は、「あまりにも明白であるがために無視される」随伴的結果という人間行為の根本に横たわる問題であり、今こそわれわれはこの問題に積極的に目を向けなければならない。

（1）ウェーバー、世良晃司郎訳『支配の社会学Ⅱ』創元社、五一二頁。
（2）M. Weber, Parlament und Regierung im neugeordneten Deutschland. 中村貞二・山田高生訳「新秩序ドイツの議会と政府——官僚制度と政党組織の政治的批判」（ウェーバー『政治・社会論集』世界の大思想・二三、河出書房）、三二九頁。
（3）同上、同頁。
（4）拙稿「組織理論とビューロクラシー——高宮晋に関説しつつ組織理論の回顧・評価・展望」（『組織科学』一九八七、冬季号）。
（5）A. Mitzman, The Iron Cage, A Historical Interpretation of Max Weber, 1971. 安藤英治訳『鉄の檻——マックス・ウェーバーの人間劇』創文社。
訳者安藤英治教授は、「内容的に言っても訳者の私と著者との間にはかなりの共通点がある」と、「訳者あとがき」の中で言っておられる。教授は果たしてミッツマンと同じ〈鉄の檻〉の現代的把握をしておられるのであろうか。それとも私に近いところに立っておられるのであろうか。

山之内靖教授は『マックス・ウェーバー入門』（岩波新書）において、この〈鉄の檻〉の条りを『プロテスタンティズムの倫理と資本主義の精神』の「最後のドンデン返し」と評し、これが言いたいがために『プロ倫』と呼ばれているこの本は書かれている、とさえ言っておられる。さらに、こうも言っておられる。「このような大塚さんの解釈には、プロテスタンティズムそのものが〈意図せざる結果〉として官僚制の〈鉄の檻〉を用意してしまう、という歴史の根源的な不確実性・運命性に対する感受性が欠けています」と。〈意図せざる結果〉を〈意図した結果〉とどこまでも並置し複眼的に把握しようという拙論と山之内教授は何を共通なものとし、またどこに違いがあるのであろうか。

(6) M. Weber, Die „Objektivität“ sozialwissenschaftlicher und sozialpolitischer Erkentnis, 1904. 出口勇蔵訳「社会科学および社会政策の認識の〈客観性〉」(『ウェーバー・政治社会論集』世界の大思想・第二三巻、河出書房)五四頁。

(7) 池内秀己「ウェーバー理論と随伴的結果」(経営哲学学会第一四回全国大会 一九九七・九・一三報告)は、意図せざる結果・随伴的結果に言及したウェーバーの諸業績における箇所を指摘しつつ論究を進めた。

(8) C. I. Barnard, *The Functions of the Executive*, 1938. 山本安次郎・田杉競・飯野春樹『経営者の役割』ダイヤモンド社。

(9) 拙著『随伴的結果』文真堂。

おわりに

〈科学的管理〉とその創始者テイラーが名付け、一般的にはテイラー・システムと呼ばれた管理体系が出現したとき、その意義を当時の誰よりも、またその後の誰よりも大きくそして深く把えたのが、レーニンでありウェーバーであった。

レーニンは、「テイラー・システムは資本主義最後の言葉である」といい、「ブルジョア的搾取の洗練された残忍性と極めて豊富な科学的成果」と分析した。そして、革命後直ちに「社会主義の成否はテイラー・システムの摂取・発展にかかっている」と言った。そしてウェーバーは、「科学的管理は経営の機械化と規律化の最終的帰結の実現である」と言った。

レーニンは、人類が長く階級社会をすごし、その最後の段階において科学的管理を生み出し、そして階級なき社会において決定的に重要なものが科学的管理である、と把握していたわけである。そしてウェーバーもまた、長い人間の歴史において人間協働が存在し、そこで必要不可欠なものが規律であり、規律は軍隊を母胎として発展してきたが、資本制企業で成立した科学的管理においてその最終的帰結を実現したといっているわけである。二人とも人類史的な把握をしている。だが、科学的管理の展開する未来について、レーニンはオプティミスティックに把握しており、ウェーバーは逆にペシミスティックに把えている。そして、二人はそれぞれ科学的管理に関説した予言をしているが、その予言はそれぞれに今の時点でその当否を判断することが出来る。

レーニンの科学的管理観は、テイラーと基本的には近似している。それは、科学的管理それ自体は善でもなければ悪でもなく、それを使う人の善意か悪意の意思の如何に応じて善か悪を為す力を発揮すると、両者ともにみていた。

レーニンは、資本主義のもとにおいては資本主義は搾取・抑圧の社会であるから、科学的管理は労働者を搾取・抑圧する手段として作用し、社会主義社会は階級なき社会であるから、それは労働者に自由と豊かさをもたらす手段となる、と把えていた。テイラーが同じような把握をしていたことを示す鮮やかな場面がある。それは、科学的管理反対の波頭に立たされた議会の特別委員会における彼の陳述の一齣である。

議長　あなたは科学的管理の仕組み（mechanism）は善をなす力でありまた悪をなす力であるといわれたことがありますよね。

テイラー　ありました。

議長　科学的管理は善をなす力でありまた悪をなす力であるとするならば、そして科学的管理は一人の統制者しか認めない、その統制者の規定に対しては何らの干渉もしないということになると、科学的管理の中の悪をなす力にたいして工員がその利益を擁護する方法がないわけではありませんか。

テイラー　議長、それは科学的管理ではありません。科学的管理の下に旧式の専制者はいないということは明らかにしたつもりです。科学的管理の下において事業の中心にいる人は数百回の実験によって得られた規則や法則によって支配されます。この点は工員と少しもちがいません。そして出来たところの標準は公平なものであります。科学的管理の下において出来たものは公平な法典であります。他の管理法においては、イロイロの問題を任意の判断で解決しようとするから、どうしても意見の不一致を免れない。然るに科学的管理においてはそれを慎重に細かく研究する。しかも工員と管理者とが相協力して研究するから、双方が満足するような結果が得られるのであります。

レーニンもテイラーもともに、科学的管理を手段と考え、手段は使い手の意思如何によって善あるいは悪をなす力となると考えていた。そして、レーニンは社会主義を善・資本主義を悪と把え、テイラーは世には善人もおれば悪人もいるが、悪人はいつまでも悪を為しつづけることは出来ない、と考えていた。

そして、ここで注意しておかねばならぬ大事なことがある。それは、テイラーが科学的管理と科学的管理の仕組み mechanism とを分けて考えているということである。テイラーは科学的管理の本質を精神革命にありと考え、その精神革命の内容は〈対立にかえるに協調・友愛〉と〈経験から科学へ〉の二者であると主張した。だから、単なる〈経験から科学へ〉を実現した仕組みを彼は科学的管理と呼ばない。そこには〈経験から科学へ〉を実施した仕組みが同時に〈対立から協調・友愛〉の精神が実現せられたものでないかぎり、テイラーは「科学的管理とは呼ばない」と明言し強調するのである。

テイラーそしてレーニンは、ともに科学的管理を使う人の意思を問題とした。そのとき、善意は常に善、悪意は常に悪の結果を生むとは限らない、という人間世界の深淵を二人はどれだけ覗いていたであろうか。

ウェーバーの科学的管理観はペシミスティックである。彼もまた科学的管理を手段として把握している。科学は手段であり、科学的管理もまた手段である。テイラーそしてレーニンと同じように、科学的管理を手段視しながら、何故彼らと同じようにオプティミスティックに把握せず、ペシミスティックに把握したのか。それは、手段そのものしたがってまた科学的管理がもつ手段性そのものをさらに深く問うたからである。

手段は目的達成の手段である。それは、したがって機能性を重視する。いかに目的を達成せしめるか、いかに最大の効果を最小の犠牲で達成せしめるかを追求するものである。それ自体は善でもなければ、悪でもないように思われる。だが、目的達成は常に特定の目的の達成であり、諸他の目的の達成ではない。もろもろの価値のうち、特定の一つの価値の実現を目指すものである。

組織は特定の価値実現の手段である。すなわち、機能性を求めて、人間は協働し、それは分業に進み、道具や機械・装置をつかい、分業体制を組織としてつかみ直し、組織の機能性を追求して科学的管理にまで到達する。その認識は、レーニンもウェーバーも同じである。だが、組織が巨大化し、人間の諸価値の実現をそれぞれが担いはじめ、それが科学的管理のもとに置かれはじめると状況は変ってくる。組織維持こそが社会にとって最重要課題となり、社会の基底となり、社会存続の最重要課題となる。しかも、そのとき、組織体の機能性追求は容易ならざる状態を迎えることになる。それが随伴的結果の問題である。

人間の目的的結果の追求は、常に意図せざる随伴的結果を伴う。それは、特定の価値の実現であると同時に随伴的結果による諸価値の犠牲であり、疎外であり、破壊である。(意図せざる結果によるその他の諸価値の満足の問題はここではとりあげぬ。) 個人的行為の場合は常に、目的的結果と随伴的結果との比較秤量がなされ、その行為の継続か中止かの意思決定がなされる。だが、組織体が社会制度として社会の基盤となって来るとその行為の中止は容易に為されることではなくなる。ウェーバーは、機能性の追求が科学的管理下の組織体でなされる段階に及んだとき、意図せざる随伴的結果による諸価値の犠牲が途方もなく増大してゆく必然をペシミスティックに予想していたのである。

おそらく、私のこのウェーバー観は当たっていると思う。ウェーバーは、以上のようにまとまって言ってはいない。だが、以上のように把握すれば首尾一貫する。ウェーバーの以上の科学的管理観に対峙する思想を、彼以前そして彼以降誰が呈示しているであろうか。

科学的管理の成果が人を地球圏を越えて運び、神の為した種の創造の秘密の一端を探って新しい種の創造を為しつつある現実に酔い誇る人は幸せである。だが、その科学的管理が環境に投げ出す随伴的結果が自然環境を破壊し、社会不安とりわけ次世代の心を限りなく傷つけてゆく過程を眺める人は、ペシミスティックにならざるを得ない。

科学は技術として具体化し機能性を発揮してはじめて意味をもつ。それは組織を動かす科学的管理の一環となって測り知れぬ力を発揮する。だが、科学は人に何を為し、如何に生くべきかは教えない(1)。知ったからにはそれから離れられれぬ善悪には、科学はいかに進化しても答えることは出来ぬ。如何なる価値をとり、如何なる価値を捨てるかについては、科学は何も答えることは出来ない。個人にとって如何に生き、何を為すべきかほど大事なことはない。そして、人は個人としては生きえず、世間の中、社会の一員としてのみ生きる存在であるから、社会がいかなる価値を重視し、いかなる位置を犠牲にするかによって、諸個人それぞれの求める価値は実現され、あるいは実現されない。

諸個人のもつ価値体系に強制的に影響力を与えるものは彼の所属する組織体である。企業であり、学校であり、病院であり、軍隊等々であり、そして自治体であり国家である。国家において、企業や学校において、それぞれの組織体において、いかなる価値をとり、いかなる価値を犠牲にするかについて、科学は何も答えることは出来ない。

ウェーバーは、科学的管理の未来をペシミスティックに把えた。個人なら意図した結果と意図せざる結果の比較秤量を必ず行なうのに、組織はそれを為すことはないと考え、そこから生ずる災いから逃れるにはカリスマを待つほかないと考えたのであろうか。

学問が雪崩をうって科学となった。科学は常にトータルなものとして存在している現実から対象をどこまでも限定し、細分化・専門化し、また方法を限定し、鋭利にして把握したものであって、それ以上でもそれ以下でもない。このことについて科学者はどれほど自覚しているであろうか。そして、科学はいかに生き何を為すべきかについては、何も答えることの出来ないものであることを、そして組織は特定の価値のみ追求して他の諸価値は軽視し無視するものであることについてどれほど認識をもっているであろうか。

この認識・自覚なき科学者は科学者であっても人間ではない。彼等を「精神なき専門人・心情なき享楽人、このどうしようもないニヒツども」の出現として、ウェーバーは今世紀のはじめに予言したのである。

（1）　M. Weber, Wissenschaft als Beruf. 1919. 出口勇蔵『職業としての学問』（『ウェーバー・宗教社会論集』河出書房）。

第四章　科学的管理の世界　その2
――マルクスと科学的管理――

はじめに

近代の曙に孤島の漂流生活を送ったロビンソン・クルーソーは経済学ないし社会科学の象徴的人物としてさまざまな意味を与えられてきた。なかでも巨人マルクスそしてウェーバーは、それぞれに自分の全思想体系の要《かなめ》ともいうべき位置にロビンソン・クルーソーを登場させて言及している。

マルクスは彼の畢生の大著『資本論』において、資本制生産社会の経済法則をいわば自然法則の如く人為の如何ともしがたい不可抗力的に貫徹するものとして論じた。そして、資本法則が貫徹する世界すなわち全てのものが商品として貨幣によって媒介・交換される世界は、物神崇拝の世界であるという指摘をした特別な一節を挿入して、貨幣によって象徴される商品のもつ物神性を白日のもとにさらけ出す照魔境の役割をロビンソン・クルーソーに担わせている。

そしてウェーバーは、近代資本主義は神の嘉したまう現世を熱き信仰にもとづいて禁欲と勤勉と合理的態度によって生きようとするプロテスタントによって切り開かれたと把握したが、その象徴的人物としての位置をロビンソンに与えている。だが、ウェーバーの話はそこで終っていない。資本主義の発展それは同時に合理化の限りなき進展であるが、それとともに熱い信仰はさめて職業倫理にかわり、さらに目的合理性の生み出す鉄の檻＝官僚制組織の住人となり、それが生み出す豊かさに酔い、ロビンソンの末裔は〈精神なき専門人・心情なき享楽人〉と成りゆく運命を予言した。

マルクスがロビンソン・クルーソーに与えた役割はもう終ったであろうか。そしてまた、ウェーバーがロビンソンに関説しつつ述べた予言は当たったであろうか。その問題を念頭に置いて、二〇世紀の初頭に成立して来た経営学の象徴的人物は誰であろうかと探す。私はその人物としてF・W・テイラーの描き出したシュミットに白羽の矢をたてた。

テイラーは既に、経営学の父としての位置を、経済学の父として論じられているA・スミスになぞらえられている。テイラーがその位置を与えられたのは彼が創始したテイラー・システム＝科学的管理をもって経営学は始まるとされるからである。シュミットは、人々がテイラー・システムと呼びテイラー自身は科学的管理と言った最初の画期的な管理体系の形成過程において実験にかかわった実在の人物（H・ノール）がおり、後にテイラーがそれをもとにフィクションとしてモディファイし、象徴性を与えた人物である。それは、実在の孤島漂流者セルカークをフィクションとしてデフォーが描いたロビンソン・クルーソーと全く軌を一つにしている。シュミットは、銑鉄を置場から貨車へ運ぶ単純作業を科学的に研究し、それにもとづいて最大作業量を上げるマニュアルをつくって、そのマニュアル通りに作業をするのに最適の愚鈍で力持ちで金の欲しい人物として選び出され、指示通りに働いて四倍の作業量を上げ、一・六倍の賃金を稼いだ人物である。

テイラー・システム＝科学的管理をフォード・システムや人間関係論の出現によって過去のものとなったと把握している経営学者にしか知られず、しかも揶揄の対象にすぎないとされているシュミット。あにはからんや、経営学者を含めて大学教授、そして全ての知識労働者もまたその実マニュアル・プログラム通りに働く現代のシュミットに他ならないのである。

テイラーは、科学的管理の本質は〈対立から協調へ〉と〈経験から科学へ〉の精神革命であると宣言している。そして、宣言通りに、人間の協働行動＝組織的行動の一切は〈経験から科学へ〉の道をひたすら進んでゆきつつある。経営学はその進行の中枢にあり、そして全ての科学的成果は科学的管理に情報として提供されつつある。

〈経験から科学へ〉は千年・万年におよぶ経験と勘にもとづいて生きてきた伝統社会から科学＝技術にもとづいて生きる社会へという人類史的な宣言であり、人類史を二分する宣言である。

肉体労働者シュミットを嘲う経営学者たちは、知識労働者が自ら創り出すモデル・マニュアル・プログラムによって彼等自身がそれに縛られてのみ行為せざるを得なくなりつつある状況を意識しようとしない。学問が科学となり、対象と方法を限定し、細分化・専門化の道を進む以外に生きえなくなりゆきつつあるからである。

かつて学問と技能は全く別のものであった。ルネッサンスは神の御業を証しする学者たちと教会の大伽藍の建築職人群を近づけ、学問は次第に科学化し、産業革命は学問の科学化とそれによる職人の技能の技術化を広範に押し進めた。そして、プロテスタントの信仰あつき両親をもつテイラーが職人として出発し科学を修め、科学的管理を創始し、その本質を〈対立から協調〉・〈経験から科学へ〉

の精神革命であると叫んだのである。科学とは何か。それはさまざまに論じられている。だが、テイラーの言う科学は簡明であり、科学＝技術と直結して把握されるものであり、法則・規則として把握した知が、そのまま技術として目的達成に有効な技術と成り行くものである。そして、学問は科学化し、科学は科学＝技術化してきた。

テイラーが〈科学的管理〉を創始して百年、目的達成に有効な科学技術の追求により、人間は驚くべき軍事技術・生産技術を創り出し、地球を一瞬のうちに壊滅させる武器を用意し、かつてない豊かさを実現した。その驚異的な目的的結果とともに、意図せざる随伴的結果もまた巨大なものとなった。その地球の自然環境の危機的破壊であり、戦争・精神破壊・凶悪事件の多発・社会不安の深化である。その世界を生み出し支えているのは、神を称え孤島で独立自尊に生きたロビンソンの末裔であるシュミットたちである。彼等は組織の中で生き、科学的にマニュアルやプログラムをつくり出し、それによって行動するウェーバー言うところの精神なき専門人・心情なき享楽人たちである。

ウェーバーは、この自然と社会の到来をおぼろげに予見はしていたが、その克服の道を示してはいない。克服の道をさし示すカリスマの出現を歴史は用意すると考えていたのであろうか。彼は人間特有の合目的的な意図した行為は必ず意図せざる随伴的結果を生ずるということをはっきり把えていたが、それを個人的レベルにおいて語ることはあっても、組織的＝官僚制組織のレベルにおいて積極的に並置して言及することはなかった。

さて、マルクスがロビンソン・クルーソーに担わせた役割は既に終ったであろうか。マルクスの後継者レーニンによって、ロビンソンの役割は過去のものとなったであろうか。私的所有を社会的所有にかえることによって階級を廃絶し、市場経済を計画経済にかえることによって豊かで自由な平和の楽園を実現しようとした社会主義革命は、世界を二分する規模にまで展開したが、二〇世紀における壮大な実験に終ろうとしている。社会主義諸国は雪崩をうって世紀末に計画経済から市場経済へ移行しはじめたのである。

市場経済は商品経済であり、商品世界は貨幣によって全てのものが商品として生産され消費せられ、貨幣を神として貨幣信仰によってのみ人間の生を維持する不可思議な世界である、と言ったマルクスの指摘は未だ誰によっても乗り越えられてはおらず、マルクスの物神性論はいよいよその現実性をまして来つつある。今こそロビンソン・クルーソーの出番である。そしてまた、貨幣を神とし貨幣神の支配する世界の秘密を描くことを主たる業績としたマルクスが、社会主義国をつまずかせた官僚制をいかに論じたか、そして彼の生きた時代には出現していなかった科学的管理について彼の思想をもってすればいかに把握されるか、それを見ないわけにはいかない。

一　科学的管理の場　そのI
——資本とその秘密——

レーニンによる社会主義社会の建設は壮大な失敗の実験に終った。それは、彼がマルクスに依拠しながら把握した科学的管理理解の不徹底にあった、と言うことも出来よう。科学的管理は、搾取と抑圧の資本主義のもとでは搾取と抑圧の武器となり、自由と平等を追求する社会主義のもとではその目的達成の武器となる。生産力を高める科学的管理は、資本主義のもとでは企業内分業の武器となるが、社会的分業のレベルでは無政府制的であって全く採用されることはなく、失業と資源の浪費を激化させる。だが社会主義のもとでは企業内分業も社会的分業もともに科学的管理による統一的体制となる。したがって、科学的管理の発展競争において、社会主義は資本主義を凌駕し、豊かさ競争に勝利する、と考えていた。だが、レーニンの「社会主義の成否は科学的管理の発展にかかっている」という予言は、彼の意図に反した結果をもって当たった。

レーニンは、マルクスの唯物論哲学・史的唯物論を発展させた。だが、彼はマルクスの人間論ないし疎外論を継承発展させることはなかった。マルクス自身この両者の関係について積極的に論じていない。初期マルクスが論じた疎外論は『資本論』においては全三巻の中でのたった一節「商品の物神的性格とその秘密」が挿入され、その説を軸点として『資本論』全三巻を疎外論として読みかえることを要求している、と言ってもよかろう。

マルクスの疎外論は、ユダヤ・キリスト教世界のものであり、直接的にはフォイエルバッハの宗教批判から得られている。フォイエルバッハが宗教を人間の本質たる人間の自己意識・種の意識の疎外を宗教批判の原理に据えたのに対して、マルクスは人間の本質を労働において把え労働の疎外を経済学批判の原理に据えたのである(1)。

労働疎外とは何か。彼は『経済学・哲学草稿』(一八四四)において、人間の本質である労働が労働者から引き裂かれて他人のものとなって彼と対立する強制労働となり、その労働の生産物は彼のものではなく他人のものとなり、彼の労働する手段も労働を働きかける対象も彼のものではなくして他人のものとなり、人間はそれをもって人間の本質とする労働から引き離されることによって人間は人間でなくなってくる。彼は人間の自己疎外を、労働疎外、労働生産物疎外、自然疎外、そして人間疎外において把えた。『資本論』（一八六七〜）は、人間疎外・労働疎外が不可抗力的に展開する資本制生産社会の経済法則を体系的に展開し論述したものであり、彼の一生はそのために捧げられたと言ってもよい。

『資本論』は、あくまで経済学書であり、経済学批判の書である。経済学批判の書である所以は疎外論を根底に置いた経済学だからである。だが、疎外論が『資本論』においてそれとして出てくるのは、第一章「商品」の最後の節「商品の物神的性格とその秘密」のみであり、それも『経済学・哲学草稿』で論じられた形とは全く異なっている。『経哲草稿』の第一草稿は（1）労賃、（2）資本と利潤、（3）地代、（4）疎外された労働と構成され、労賃と労働者、資本・利潤と資本家、地代と地主という資本制社会における三つの階級とその経済的基礎の論述が為された後に、〈疎外された労働〉が論じられている。ところが、『資本論』では労賃・利潤・地代が出てくる前に商品分析がなされ、そこで形をかえた疎外論としての物神性論が置かれている。哲学としての疎外論が経済学批判としての経済学となるためには、『資本論』第一章「商品」とりわけ「価値形態」論の完成をまたねばならなかった。

疎外・自己疎外とは何であるか。人間にとって本質的なものが、人間自身から引き離され、引き裂かれて対象化し、物象化されて外化し、それが人間自身に対立し敵対して来るという現象である。人間がもつ個人意識・種的意識の外化・対象化されたものとしての神と人間との関係を把握したフォイエルバッハにならって、マルクスは人間を人間たらしめる本質としての労働が外化し、対象化して人間に対立して来る疎外の世界として資本制社会を把握し、その法則的展開を『資本論』で描こうとしたのである。物象化論は疎外論の精緻化ではあるが、所詮は疎外論を超えるものではない。疎外現象の大事な要因ではあるが、物象化論をもって疎外論にかえることは出来ない。疎外論に引きよせながら、商品それ自体の克明な分析を通じて貨幣の出現そして商品の物神性を論じた『資本論』第一章「商品」をとらえ直せばどうなるか。(2)

人間はロビンソン・クルーソーと違って、孤立的個人ではなく、類的存在であり社会的存在である。そしてその人間は自然に働きかけ労働して物を獲得し作り出し、欲求充足して生きる。労働こそ人間の本質であるというマルクスの主張をあえて否定すべきものはない。その労働は社会的性格をもつものであり、種々の具体的有用物をつくり出す作業である。したがって、人間労働は社会的であり、関係的であり、抽象的であるという性格を一方においてもち、他方において有用的物をつくり出す具体的性格をもつと言いうる。だが、資本制社会以前においては、この労働がもつ二つの側面が分裂し、自立化し、それが労働者に対立することはない。家共同体・村落共同体における労働とその社会を想起するだけで容易に理解出来よう。もっとも、支配者から労働生産物が不当に搾取されたとき、その生産物は支配者の不当な支配の資源として労働者に対立したものとなる。そのような場合でも、その生産物と生産物をめぐる関係は誰の目にも明瞭にとらえられている。

ところが、人間の欲望の対象物の一切が商品として生産される社会においては、商品という労働生産物は不可思議な性格・不可思議な運動をする。労働がもつ社会性と有用性とが分離し、欲求充足のための具体的な有用性と抽象的・関係的な社会性が別々の運動を辿ることになり、しかも後者が物象化して貨幣となって自律的に運動することになる。

すなわち、労働生産物が商品となったとき、それは欲求充足の使用価値であると同時に特定の個人ではなく市場という社会に向けて生産された価値物でもある。その全ての商品が自分の価値をその商品によってはかり、その商品を価物の象徴物として選び、その象徴物たる貨幣によって全ての商品が自分を価値物として実現する世界が成立する。それは、それぞれに具体的な肉体をもった諸個人が目に見えざる神性をもち、肉体をもつ人間でありながら同時に神の子であるキリストを通じて、神の世界の住人たることを証しする三位一体のキリスト教世界と全く同じである。諸個人に対応する諸商品は具体的有用物たると同時に抽象的人間労働の物象化せる価値の二重物であり、諸商品は価値の象徴としての特別な商品たる貨幣を選び出し、商品・貨幣・価値の三位一体の世界が成立する。以上の把握は、マルクスの「ユダヤ人問題によせて」（一八四三）において、「ユダヤ教の神は貨幣であり、ユダヤ教の信仰行為は金儲けであり、キリスト教によって全ての人間がユダヤ教徒になった」という言説に含意される把握である。(3)

『経哲草稿』においては、その第三草稿の（4）貨幣でゲーテとシェークスピアの詩を引用しながらその物神性を描いているが、『資本論』では商品の物神性を論ずるにとどめ、貨幣の物神性については特に論じてはいない。価値形態論で十分としたのであろう。

人間の欲望を充足する財の一切が商品となるのは、人間の労働力が商品となって資本の所有者に売り渡され、労働が資本に包摂せられる段階に到って実現する。その時、『経哲草稿』で論じられた

〈労働の疎外〉すなわち人間の本質である労働が労働する人間のものではなくなり、労働生産物も彼のものではなくなり、労働対象およびそれをもたらす自然もまた彼から疎外され、人間の本性自体から疎外されて人間は人間でなくなる、という状況が現成して来る。

貨幣物神は社会的生産と消費の一切をつかさどる。価値法則・資本法則は貨幣物神の意思として、経済の一切を貫流する。ロビンソン・クルーソーであろうと、一国の社会であろうと必要な諸々の財がバランスをもって生産され再生産されなければ、個人も社会も生きてゆくことは出来ない。その必要な諸財をそれぞれどれだけ生産し消費するかの計画と執行を人間の意思をもってしない社会である資本制社会は誰がそれを決めるのか。それは、労働の社会性の結晶たる貨幣の意に従って生産する以外にない。貨幣の意思の現われである商品価格の上り下りに順応して生産し消費し、労働配分・資源配分する以外にない。そして人間はそうしている。そこでは、人間は主人公ではなく、貨幣が神であり、人間は貨幣なしでは生きられず、貨幣物神に仕えて生きる。貨幣を取り扱う事を仕事とする銀行がおかしくなれば、国民は易々として百兆円でも二百兆円でも投じるのである。

マルクスは自己疎外を人間の自然からの疎外・人間の人間からの疎外にまで説き及んだ。そしてマルクスが死んで百五十年経過した今日、まさに人間は、貨幣物神の信仰行為によって自然を破壊し、自然を破壊することによって自然から疎外されつつある。また、「人間の本質である労働の疎外の行きつくところ、人間は人間でなくなる人間疎外をひきおこす」とマルクスは言ったが、人間は人間の関係性を貨幣においてのみ実現し、人間と人間との直接的な関係性を具体的現実的に喪失して来た。単なる欲求充足、自分だけの欲求充足にのみ走り、その為の労働による貨幣取得さえ、まどろっこしく感ずる行為に走るようになった。その種々相については毎日の新聞が報じている。そこでは、人間と人間が直接的につながり合う存在であることから生まれ、その関係を成り立たしめている人間の情もまた消滅しつつある。親子・兄弟の情、夫婦の情、師弟・友人の情、弱者に対する情、人間の人間に対する情が消失しつつある。マルクスは、労働疎外によって、寝て、食べて、子供をつくる動物と同じになり、人間は人間でなくなると言ったが、既に人間は動物がもつ親子や種に対する情すら消失させようとしている。そこでは、無感情的に親子・夫婦・友人間の殺しが日常化しはじめた。

テイラーの科学的管理は、『資本論』の理論より把えれば、レーニンが把えたように貨幣の自律的運動体である資本の運動に包摂せられた労働世界の出来事であり、資本による労働の形式的包摂から実質的包摂へと進化し、深化する決定的な要因であると把握することが出来る。それは、労働疎外の実質的な決定的要因であると位置づけられることになろう。

貨幣物神が支配し、人間が貨幣神信仰に生きている世界の転倒性・奇怪さ・不思議さは、その世界に生きている人間には分からない。それはその世界とは別の世界に住む人間の眼からすれば一目瞭然である。マルクスは、その代表的人間として孤島のロビンソン・クルーソーをつれて来たのである。

（1） マルクスの疎外論については内外ともに少なからぬ文献がある。I. Meszaros, *Marx's Theory of Alienation*, 1990. I・メサーロシュ、三階徹・渚川新訳『マルクスの疎外理論』（啓隆閣）、とりわけ副田満輝『マルクス疎外論研究』（文眞堂）をあげたい。新しくは原田実『労働の疎外と市民社会』（雄山閣、一九九〇）などがある。

（2）　廣松渉は、『資本論の哲学』（現代評論社、一九七四）、『マルクス主義の地平』（勁草書房、一九六九）、『マルクスの根本意想は何であったか』（状況出版、一九九四）などでマルクス主義哲学として物象化論を展開し多くの追随者をみている。マルクスの主著『資本論』成立の過程を疎外論――労働疎外論――資本論と把え、商品世界・資本世界の成立の決定的な論理的局面である労働の二重性から商品の二重性を成立せしめる外化・物象化を重視することは、いくら重視してもしすぎることはない。だが、〈疎外論から物象化論へ〉とマルクスの哲学を物象化論へ集約することは可能であろうか。いや出来ない。疎外論は物象化論を内に含むものであり、物象化論ぬきで疎外論を論ずることは出来ない。だが、疎外論は人間とは何か、人間の本質とは何かの把握に立つものであり、物象化論が疎外論・人間論の基礎ではないからである。もっとも、マルクスの哲学としてではなく、マルクス主義哲学として物象化論を展開するということであれば、話は別である。

（3）　マルクスのこの一句は凄い。この一句の表現によって拡がる連想には限りがない。この一句に資本論成立の秘密、さらには資本主義社会成立の秘密、それはウェーバーの『プロテスタンティズムの倫理と資本主義の精神』をはるかに超える宗教と経済・社会の深渕を覗かせる言葉であり、さらにはユダヤ人マルクスの思想全体を、マルクスが書きとめた範囲の思考とその根底に横たわる書かれざる意想の世界へとわれわれを誘う。

なお、三節三項の予言者ドラッカーとつなげて読まれたい。

神学者であり哲学者であった滝沢克己は『バルトとマルクス』三一書房の中で、疎外について深い思索を示しているが、もっと多く語って欲しかった。

二　科学的管理の場　そのⅡ

——官僚制組織とその秘密——

マルクスの思想はレーニンによって引き継がれ、マルクス＝レーニン主義となって二〇世紀の壮大の出来事として世界を二分するまでの社会主義国の建設と解体をみた。唯物論哲学・唯物史観はひきつがれ、発展されたが、人間論・疎外論は引き継がれることはほとんどなかった。そのことがレーニンからスターリンへと進んで、ソ連がソルジェニーツィンによって「収容所群島」と評されるにいたった主要な原因であるとみてよい。組織・官僚制組織のもつ非人間性・抑圧性、すなわち組織疎外に対する認識の欠如が、そうさせたのである。

1　官僚制におけるマルクスとレーニン

マルクスは単なる経済学者ではなく『資本論』を超える人物であった。彼はどこまでも人間を諸個人の集合と把握しており、自由を人間の本義と把え、自由を疎外するものからの解放を願った哲学者であり思想家であった。それは、彼が実現を夢みた共産主義社会を「各個人の自由な発展が全ての人の自由な発展の条件となる社会」と『共産党宣言』（一八四八）の中で唱いあげている一事をみても明らかであろう。ウェーバーによって抑圧の器と把握された官僚制がマルクスによって見逃されているはずはない。マルクスが官僚制をどのように把えていたか、そのあらましを見てゆこう。二五歳の若き彼は、『ヘーゲル国法論批判』（一八四四）の中で、官僚制の本質をつく天才的な洞察を披瀝している。

彼は、ヘーゲルが官僚制を国家と市民団体との上から下、下から上への中間項であり、官吏は教養ある中間層と把握しているのに対して、それに根本的な批判を加えている。彼はいう、「国家は官僚制の物質主義であり、そして官僚制は団体の精神主義である。」「社会において団体を創るのと同じ精神が国家において官僚制を創る。したがって団体精神が攻撃されるやいなや、官僚制の精神が攻撃されるのであって、官僚制は以前においてそれ自身の存在の場を設けるために団体の存在をやっつけたとすれば、こんどはそれ自身の精神である団体精神を救うために強引に団体の存在を維持しようと努める。」個人は人間であるが、団体は諸個人からなるが人間ではない。だから、官僚制は本質的に団体＝組織体＝会社等の側に立ち、個人＝人間の側には立たない。国家および地方自治体と官吏たちは常に公害・環境問題で抗議する被害者の人間の側に立たず、加害者たる企業に味方するのは何故か。地域住民の税金によって存在し生きる自治体とその職員が、環境破壊の加害者の側に立つ不思議、その根元を喝破したマルクスの洞察であり、今に生きる。

初期マルクスの官僚制把握は、後期マルクスにおいても変わることはない。『資本論』第一巻を刊行し、第二・第三巻にかかっていた一八七一年にパリ・コミューンと政府軍の戦いに際して書いた『ブリュメール十八日』の最終章において、「フランス革命のつぎの企図は、もはや従来のように官僚的＝軍事的機関を一方から他方に移すことではなく、これをこなごなに打ち砕くこと、まさにこれこそ大陸におけるいっさいの現実的人民革命の前提条件である」、と明言することになる。

社会主義と官僚制とに関して『フランスの内乱』(一八七一)の中では、次のように言っている。「常備軍・警察・官僚制度・僧職・裁判所というあまねくゆきわたった諸機関—系統だった階層制による分業計画にもとづいてつくり上げられた諸機関」、この階層制・任命制の官僚制的抑圧機関を解体し、選挙制・交替制・解任制等々の人民を主人とし、彼らの自発性・自主性にもとづいた組織形態に代えるべきであると具体的な提言をしている。彼は「自由な社会を目指す社会主義社会において、それ自体が抑圧の機構である官僚制が存在することほど矛盾にみちた事はない」、と訴えている。そして、彼は共産党宣言(一八四八)において「各人の自由な発展が全ての人の自由な発展の基礎となるような共同社会」=共産主義社会の出現の必然を宣言していたのであるから、社会主義革命は官僚制を打ち砕き消失せしめうると夢みていたに違いない。

では、レーニンは官僚制をどのように把握し、革命にあたって官僚制をどのように取り扱おうとしたであろうか。粉々に打ち砕こうとしたであろうか。

レーニンはマルクスの忠実な使徒である。そのことは、共産党にとってタブーに近い官僚制の問題をマルクスに依拠しながら積極的に論じているということをとってみても、明らかである。彼は、一九一七年十月革命の直前八・九月に執筆した『国家と革命』の中において、マルクス＝エンゲルスの言説を豊富に引用しながら、次のように論じている。

国家は階級的諸対立の非和解性の産物である。そして、官僚制は国家の公的権力と徴税権を握る特権的機関である。非抑圧階級が抑圧から解放されるためには、暴力革命という必然的な過程をもって国家を死滅させせねばならない。ブルジョア社会に固有な中央集権的国家権力は官僚制と常備軍である。

「この二つはブルジョア社会にやどる〈寄生物〉であり、社会を引き裂く内部的矛盾によって生み出された寄生物であり、生命の気孔をふさぐ寄生物である。この寄生物たる国家機関が前代未聞に拡大している。」革命とはこの〈寄生物〉を除去することであり、マルクスが言ったように「革命とは官僚制と常備軍とを一方の手から他方の手に移すことではなく、これを粉々に打ち砕くことである。」

次に、破壊された国家機関は何をもって取り替えられるか。それは、マルクスが言ったように、例外なしに全ての公務員の完全な選挙制と随時の解任制、一切の機密費の廃止、一切の金銭的特権の廃止、一般労働者並みへの賃金切下げ。少数のブルジョアジーから多数のプロレタリアートへの権力の移行は、量から質への転化、ブルジョア民主主義からプロレタリア民主主義への転化であり、国家の性格の変革であり、非国家への推移である。

だが、ここまで来て論調は一変する。「官吏制度を全面的に、かつ徹底的に廃棄することは、問題となりえない。これは、ユートピアだ。しかし古い官僚機関を即時に破砕すること、そして一切の官僚制度を漸次的になくさせる新しい官僚制度をただちに建設しはじめること、これはユートピアではない。これはコンミューンの経験である。これは革命的プロレタリアートの直接の、当面の任務である。」「われわれは、服従や統制や〈監督者や簿記係〉なしにはやってゆけない人間とともに、社会主義革命を遂行しようとしている。」だから空想家ではないわれわれは、官吏制度を不可欠とする。だが、やがて、次の過程を経て、一切の官吏制度は〈死滅〉に導かれる。

われわれ労働者みずからは、すぐに資本主義によって創り出されたものから出発して、大規模な生産を組織する。そして、労働者としての自己の経験に立脚して、もっとも厳格な規律——これは武装労働者の国家権力によって支持されるが――を創り出すことによって、国家官吏の役割を、われわれの委託の単なる執行者の役割へ、責任を負い・そして解任可能の・かつ適度の俸給を受けとる「監督者および簿記係」（もちろん、これらの人々は、あらゆる種類や型や程度の技術をもっている）の役割へ還元するであろう、――これがわれわれのプロレタリア的任務であって、プロレタリア革命を遂行するにあたって、まさにこの点から始めることができ、始めなければならないものである。このようなはじまりは、大規模生産の土台のうえで、それ自身であらゆる官吏制度の漸次的な「死滅」に導くものである。」（『国家と革命』レーニン二巻選集、社会書房版より引用）

レーニンはマルクスの忠実な使徒であると言った。レーニンは紛れもなくマルキストであり、マルクス・レーニン主義の始祖である。だがマルクスはあくまでマルクスであってマルキストではない。マルクスとレーニンはどこが同じでどこが違うのであろうか。それが、この官僚制についての二人の把握において、明らかにその違いをみせており、両者の基本的な違いの露頭をみせているのである。レーニンはマルクスとは根底的に異なるところがある。それは、マルクスは唯物史観の創始者ではあるが、彼はそれを超える存在であり、唯物史観のみでは把えきれないものをもつ思想家であるにもかかわらず、レーニンは唯物史観に立つ理論家であり、実践家である、という点にある。

レーニンは、マルクスからクーゲルマン宛の手紙（一八七一年四月一二日付）について「われわれはこの手紙をあらゆるロシアの共産党員あらゆる字の読めるロシアの労働者の壁にはりつけたいと思う」と言ったと言われている。この手紙には「革命の企図は、もはや従来のように官僚的・軍事的機関を一方から他方に移すことではなくこれを粉ごなに打ち砕くこと、まさにこれこそ一切の現実的人民革命の前提条件である」と書かれている。この手紙を掲げるレーニンのどこがマルクスと違うのであろうか。

レーニンは官僚制を国家官僚制・国家行政官僚制としてのみ把握している。官僚制を抑圧機関であり、これを破砕すべきものと把握しているが、それは国家が階級社会において搾取階級が被搾取階級を支配・抑圧するところに成立・存在するものであり、官僚制と軍隊はその根幹的な機関である、とのみ把えている。だから、プロレタリアがブルジョアを打倒し権力を掌握したならば、搾取・抑圧なき働く人間ばかりの社会である社会主義社会における官僚制は一挙になくす必要はなく、それは〈量から質へ〉の性格の変化を来たした官僚制として漸次的消滅まで存続させればよい、と主張しているのである。

だが、マルクスは官僚制（bureaucracy）を、国家官僚制・行政官僚制のみにおいて把えていない。彼は、「系統だった階層性による分業計画にもとづいてつくりあげられた諸機関」が官僚制組織であり、これを抑圧機構であると把握し、これら諸機関の一切を解体することを主張している。常備軍を民兵にかえる。官吏は一切の特権を奪われ労働者並みの賃金労働者へ、僧侶は教会から離れて托鉢修行僧として生きる。教育は全ての人に解放される。司法官は虚偽の独立性を剥奪される、等々。

マルクスは、さきにみたように、官僚制の本質を階級に求めていない。彼は官僚制の本質を諸個人＝人間によってつくられてはいるが、それ自体では人間ではない団体ないし団体精神に求めている。彼はいう。「官僚制は団体の精神主義であり、団体は官僚制の物質主義である。」「社会において団体を創るのと同じ精神が国家において官僚制をつくる。」「完成された団体としての官僚制は完成されざる官僚制に対して勝を制する。」「官僚的精神は神学的精神であり、官僚組織は僧侶共同体である。」彼は官僚制をそれ自体として抑圧の機構・抑圧の器として把握している。「官僚制は形式的なものを内容と称し、内容を形式的なものと称することを余儀なくされる。」「官僚制の普遍的精神は官僚制そのものの内部では位階制により、外にたいしては閉鎖的団体として守られるところの秘密・秘事である。それゆえに、公然たる国家精神、いな国家的意向ですら、官僚制にとってはその秘密を漏らす裏切りに見える。権威はそれゆえにその知の原理なのであって権威の偶像化は官僚制の意向である。しかし官僚制自身の内部で精神主義はひどい物質主義、すなわち受動的服従、権限信仰、固定した形式的やり方、固定した原理・見方・仕来たりのメカニズム、そういった物質主義となる。個々の官僚の場合には、国家目的は彼の私的目的となり、より高い地位の追求となり、立身出世となる。」

以上の官僚制の本質に関する引用文は、さきに紹介した『ヘーゲル国法論批判』からのものである。この若きマルクスの官僚制把握は後の『フランスの内乱』の官僚制に関する論述に繋がっている。後者においては階級的視点からの国家論的官僚制論の論理も貫かれているが、同時に初期マルクスの団体論的視点からの官僚制論が同時に明らかに貫かれているのを、われわれは明らかに看取することが出来る。

2　官僚制におけるウェーバーとマルクス

さて、マルクスとレーニンの違いをみて来て、次にはマルクスの官僚制把握をウェーバーの官僚制と対比させないわけにはいかない。

レーニンが唯物史観すなわち階級論的国家観から官僚制を把握し、これを支配・抑圧の機関と把握していたのに対して、マルクスはそのように把握すると同時に、官僚制をあらゆる団体に成立しうるものであり、個人に対立する団体精神の結晶であり、国家官僚制はその完成形態であると把握している。この後者のあらゆる団体に成立しうる「周到に計画された階層的分業の機構」としての官僚制の技術的把握は、ウェーバーのそれと大差ないと言ってよかろう。だが、官僚制の全体にたいするマルクスの把握は、ウェーバーのそれとかなり異なる。

ウェーバーは官僚制を規則・階層制・文書・専門的知識・技術学の機能様式において把握した。その機能的把握・分析は今日まで誰もこれを超えていない。そして、機能様式そのものが抑圧の器となることを文学的表現をもって付け加えた。これに対して、マルクスもまた官僚制を機能様式としてまず把握する。そして、官僚制が「官職の位階的な職務分業体系であり、職務遂行は天職・義務としてなされ、権限をもち責任制に貫かれる」というヘーゲルの把握をひとまず肯定しつつも、「それは経験的叙述にすぎない」と言ってこれを乗りこえる。このような機能様式はどこから生ずるか。それはヘーゲルが把握するように国家と市民層の中間項・媒介機関として官僚制が存在するからではなく、このような機能様式を生ぜしめるのは団体精神であり、団体精神の形式主義の現われである。国家官僚制はその完成形態である。団体は官僚制の物質主義となり、その肉体となる。そして、「官僚制はひどい物質主義となり、他方においてひどい精神主義となり、一切のことを為そうとする。」マルクスは、人間が多数集まって行動する団体がそれ自体としてもたざるをえない精神・団体精神の形式化・組織化として官僚制という機能様式が成立し、官僚制の肉体化した団体の目的遂行の貪欲な物質主義を貫く、と把握している。

ウェーバーは団体精神をもち出さない。彼がもち出すものは機能性である。機能性こそ全ての団体がもつものである。なぜなら、団体は個人が一人では為し得ざる目的・多数集まれば機能性を獲得しうる目的達成のためにつくられるものだからである。機能性こそ団体精神に他ならず、その形式主義の現われとして官僚的機能様式が生まれると把握したとき、ウェーバーとマルクスの言うことは全く同じものとなる。だが、団体精神は機能性のみにつきるものではない。

マルクスは団体は人間ではない、団体精神は人間の精神より生まれるものではあるが個人に立ち向かってくると把えている。だから団体精神の物質化としての官僚制はそれ自体として人間を抑圧する存在であると把握していたと思われる。ウェーバーは、機能性は特定目的・特定欲求充足のために成立して来るものであるから、特定目的以外の諸価値を特定目的追求機構たる官僚制は犠牲にせざるをえない、という論理において抑圧性を把握していたと思われる。

官僚制をマルクスもウェーバーもともに団体論ないし組織論的レベルにおいて把えていた。そして、ともに官僚制的組織は機能的であると同時に抑圧的であると把握していた。だが、それが現在から未来においていかなる運命を迎えるかについては意見を異にしていた。マルクスはやがて来る階級なき社会、人間が貨幣物神の世界から解放され、人間が人間として主人公として生きうる社会の到来とともに破砕されるべき運命をもつと把握していた。これに対してウェーバーは、現在から未来の社会は法的支配が支配的な社会であり、合理化の普遍的に進行する社会であり、人々が機能性を重視することを断念するまでは官僚制の抑圧の強化に呻吟せざるをえないであろうという見通しを表明している。

マルクスは、物神性論・疎外論から出発し、それを捨てることなく、唯物史観をたてることによって貨幣物神支配の世界から人間が自ら主人公として生きる世界への必然を説いた。だが、唯物史観に立ったレーニンによって創りあげられた社会主義社会はそれを生んだ世界を超えることなく、貨幣物神支配の世界に復帰した。唯物史観に問題があったと思われる。それは、マルクスの官僚制論と唯物史観との結合の中に、はっきりした理論的な不整合を示している。すなわち、マルクスは「あまねくゆきわたった諸機関――系統だった階層による分業計画にもとづいてつくり上げられた諸機関」の打破、解体こそ革命の本質だと言って、軍隊・警察・官僚制度・教会・裁判所を抑圧機関としてその一切の解体を論じたとき、産業官僚制のみを触れることなく除外した。何故であろうか。発展した資本主義のもとにおいては、支配的であり、代表的な官僚制たる産業官僚制を何故マルクスは除外したのであろうか。生産力と生産関係＝階級関係を基軸に据えて社会を把え、生産力の発展が社会の発展と把握する唯物史観が、生産力を支える産業官僚制の解体を一切の官僚制の解体の中から除外することになったと思われる。このことについては、私は既に論じている(1)。

3　官僚制の疎外論的把握

さて、ここまで論じてきた「官僚制それ自体が抑圧の器である」というマルクスとウェーバーの把握のうち、マルクスの把握を再把握してみたい。すなわち、マルクスは明言してはいないが、マルクスの官僚制論は疎外論的把握にほかならない、という観点からの再把握である。

既に前節で述べたように、『資本論』は疎外論を根底に置いたものであり、マルクスの疎外論は

『経哲草稿』（一八四四・二）において論じられているが、その直前の二月に『ヘーゲル法哲学批判序説』と『ユダヤ人問題によせて』を『独仏年誌』に寄稿し、『ヘーゲル国法論批判』をその前年に執筆している。疎外という文字は「ユダヤ人問題」には既に出ている。官僚制を論じているヘーゲル批判の中に、疎外の文字が見当らなくとも、疎外論的把握を官僚制においてなしていたと考えることは不自然ではなく、そう把えられる論述を展開している。

疎外論的に把握するということは、人間の本質にかかわる部分が引き裂かれ、それが外化し物象化して、人間に向かって対立し敵対化して来るという論理によって把握するということである。

人間は行為的存在であり、社会的存在である。したがって、人間はさまざまな社会的行為をするが、社会的行為の一形態として協働行為を行なう。協働行為が持続的な行為体となり、持続させるために参加者の資格・参加者間の関係・行為体の目的等々が決められ、団体が成立してくる。諸個人、その単なる集合体が集団となり、団体となるに到って団体の成員と非成員、団体の内と外の境界は明確となり、団体の成員は個人と団体の二重の意識をもつことになる。

個人意識と団体意識との二重意識は、集団ないし協働体の境界が明確になるに従って明確になる。行為体の目的・役割分担・成員間の諸関係や秩序維持の方法等が各人の了解事項として頭の中にインプットせられている段階においては、個人意識と団体意識の二重性は未だ分裂し、対立することは少ない。だが、団体となり、団体維持のための管理スタッフが形成せられ、団体の目的・成員資格・秩序維持の仕組み、行為の諸準則等が文書化せられ規約・規則として客観的に定立せられて来ると、個人意識と団体意識は完全に分裂し、団体意識は個人に対立して自立し、自律した外化物として、個人に敵対的なものとなる。規則が規則違反に対する罰則を伴うとき、敵対化は明白なものとなる。団体意識・団体精神の物象化した外化物が団対維持のための諸規則であり、規則中心の組織を官僚制組織と呼ぶ。

だから、マルクスは言う。「官僚制は団体を、少なくとも〈団体精神〉を前提とする」と。そして、「団体は官僚制の物質主義であり、官僚制は団体の精神主義である。」という。規則中心の組織は、人的・物的諸資源を統合して、団体という外被をまとう。したがって団体は官僚制の物質主義である。そして、団体精神の外化・形式化たる規則は団体維持のための定立物であり、意識・団体精神の結晶物たるが故に、官僚制は団体の精神主義となる。

人間が本来統合的にもっていた個人意識と社会意識＝団体意識が、分裂し、後者が外化し物象化して諸規則として定立し機構として具体的に諸個人と対立したものとなるとき、諸個人は自分から離れて行った団体精神の結晶物＝官僚制にひれ伏す存在となる。マルクスは、官僚制において成立する転倒せる物質主義と精神主義の現実的様相を次のように描いている。

「官僚制の普遍的精神は官僚制そのものの内部では位階制により、外にたいしては閉鎖的団体として守られるところの秘密・秘事である。それゆえに、公然たる国家精神、いな国家的意向ですら、官僚制にとってはその秘密を漏らす裏切りに見える。権威はそれゆえにその知の原理なのであって、権威の偶像化は官僚制の意向である。しかし官僚制自身の内部で精神主義はひどい物質主義、すなわち受動的服従、権限信仰、固定した形式的やり方、固定した原理・見方・仕来たりのメカニズム、そういった物質主義となる。個々の官僚の場合には、国家目的は彼の私的目的となり、より高い地位の追求となり、立身出世となる。」

マルクス二六歳の春の天才的論述である。マルクスの把えた個人精神と団体精神の二重意識を、組織論において最も深い洞察を展開したC・I・バーナードは主著『経営者の役割』において、個人人格と組織人格という二重意識とその行動を把握し、論述している。だが、バーナードにおいては二重意識の分裂・外化の疎外論的論述は全くみられない。それは、組織人格の結晶物である維持のために定立された規則のもつ重要性について全く触れられていないことから来る。バーナードの組織理論においては、一回生起的な協働であろうと、成員相互の了解的関係で成立している協働であろうと、客観的な規則・機構をもった協働であろうと、協働体系の一般から特殊、段階的発展を把握しなかったからである。このことが個人人格と組織人格の分離・分裂そして対立を描くことが出来なかった主たる原因である。[2]

（1） 拙著『官僚制――現代における論理と倫理』（未来社、一九七三）この書物では私は、既に疎外論的視点をもってはいたが、まだ積極的にうち出してはいない。ただウェーバーと同じように、官僚制組織が抑圧性を具有しているというマルクスの言説を紹介すること、そして唯物史観のマルクスが他の一切の官僚制的組織を粉々に打ち砕くことを言いながら、ひとり産業官僚制のみを除外してきたことを示した。疎外論のマルクスと唯物史観のマルクスとの不整合・剥離を鮮やかに看取出来る場面である。

（2） 中條秀治『組織の概念』（文眞堂、一九九八）は、バーナードの協働体系把握における抽象性、言いかえれば段階的具体化把握の欠如より起こる諸難点を克服すべく、ウェーバーに拠り新しい組織概念をたてようとした力作である。その試みは成功しているか。

三　科学的管理の超克?

――貨幣物神世界の預言者ドラッカー――

世界が東西の二つの陣営に分かれて対立し、資本主義陣営の勝利に終った出来事が二〇世紀の壮大なドラマである。そのような結末をむかえるに到るのに、最も重要な役割を演じた思想家はＰ・ドラッカーである、と私は思う。何故か、思想を学問対象とし思想を論ずる学者や文筆家のほとんどが、そしてまた社会科学者のほとんどが、ドラッカーを積極的にとり上げない。まことに奇異としか言いようがない。

ドラッカーは、『経済人の終焉』・『産業人の未来』以来、次々に本を書いて経営学ブームを世界中に巻き起こし、多くの国々で同時発売され、ベスト・セラーとなり、ロング・セラーとなっている。ドラッカーの書物は企業人にとってまさにバイブルであり、そこに書かれていることによって戦後の企業人は導かれてきた。現代は企業社会であり、企業はドラッカーによって動かされてきたのである。だがなぜ、ドラッカーを経営学者が技術論的に把握するにまかせ、思想的にとり上げようとしないのは何故か。何とも不思議としか言いようがない(1)。このことはテイラーについても言える。

1　マルクスとドラッカー

ドラッカーは、マルクスの生きた時代を個人を基本的単位とする財産中心の時代と把えている。それに対して、彼の生きている現代を企業を代表とする組織の時代であると把握している。象徴的にいえば、マルクスは資本＝財産の桎梏のもとに呻吟するロビンソン・クルーソーの子孫たちの解放を夢みてその論理の探究に一生を捧げたのであり、ドラッカーは企業を代表とする組織の時代に生き、科学的管理下に呻吟するシュミットをその桎梏から解放することを意図しその実現者たることを意識した文筆家である。人間の解放を意図するこの二人の人間観は同じである。ともにユダヤ＝キリスト教的人間観のもち主であり、自由＝責任ある選択を人間の本質であると把えている。

ナチズム批判から出発したドラッカーは、その批判の基礎を自由に据え、自由を論じた。人間は全知全能の神と違って、限られた知によって行動し、たえず誤り過ちをおかさざるをえない存在であり、その選択に対して責任を負わねばならない存在である。意思決定の主体として責任をとる存在、すなわち自由を本質とするものが人間である、というのである。自分の意思決定に対して責任をとらない独裁者・全体主義者・優越を意識して行動する人間は、人々を従属させることが善であり、従わぬ者を許さず、その結果に対して責任をとらぬ非人間的人間であり、告発さるべき存在であるとした。彼はヒットラーをそのような存在として把え、ソ連邦の指導者たちをそのように把えた。マルクスもまた、ドラッカーと同じ人間観・自由観をもっていた。だから、「各人の自由な発展が全ての人の自由の発展の基礎となる社会」と、彼が夢みる共産主義社会を定義したのである。

マルクスとドラッカーの違いは企業をいかなるものと把握するかの違い、したがって企業を構成要素とする社会の把握の違いにある。

マルクスは企業を個別資本の運動と把え、社会は社会総資本の運動として成りたち、資本の所有者＝

資本家・土地の所有者＝地主と労働力しかもたぬ賃金労働者の階級社会であると把握していた。ドラッカーはマルクスの時代すなわち資本・土地・労働力の財産中心の階級社会は過去のものとなり、現代では人間はいかなる組織に属し、そこでいかなる役割を果たすかの組織の時代・経営者支配の時代に入っており、企業は既に経済的・統治的・社会的制度として社会の決定的・構成的制度となっていると把握した。この把握に立って社会をみるとき、社会にとって最も大事なことは企業の維持であり、そして組織において人間の自由を実現する事こそ、これからの社会が目指すべき方向であるとした。組織にとって最も大事なことは機能であり、次に大事なことは抑圧的・全体主義的に機能させることではなく、自由を追求し自由を保証し自由に立脚した機能の追求をなすべきだと主張し、その主張は単なる規範論にとどまらず、実行可能な技術論を具体的に展開し採用されたのである。

2　ドラッカーの企業論・管理論

決定的・構成的な制度である企業の維持にとって、最重要なことは利潤の確保であり、利潤なくして企業も社会も存続しえない。したがって、利潤は追求すべき目的ではなく、回収すべき費用であり、未来費用であるとドラッカーは言いきった。この利潤観は、それまでの利潤追求につきまとってきた何等かの後ろめたさの一切を払拭した。利潤のマイナス・イメージの一切を払拭し、更にこれを積極的なプラス・イメージにかえたのである。

では、企業の目的は何か。顧客の創造であり、利潤はどれほど顧客を創造したかの企業成果の達成尺度でもある。では、顧客の創造はいかにして達成できるか。それは単なる生産行為・流通行為ではない。顧客の欲するものは何であるかをつかみ、それをつくり、それを顧客に知らしめ、ひきつける一切の行動の追求としてのマーケティングであり、企業活動のあらゆる要因・あらゆる過程の一切をより合目的的に革新してゆくイノベーションの二者である。マーケティングとイノベーションこそ、企業の二大機能である。

その二機能を追求する組織における人間は自由でなければならぬ。それぞれの人間が意思決定し・行為し・その結果に責任をとる人間として機能しなければならぬ。そのために、それぞれの部門そしてその成員それぞれが決定し責任をとる目標管理、それを保証する分権的組織を目指すべきであり、各人の弱みではなく強みを見出し統合する資質たる品性高潔こそ経営者・管理者の第一の要件である、と彼はいう。計画と執行の分離を基本原理とするテイラー主義＝科学的管理は非人間的であり、全ての従業員の仕事はそれぞれ計画と執行の両者を多かれ少なかれ具有するものとしなければならない、と。

彼は、企業の大株主が個人から年金基金に移行した事実にたって、年金基金は労働者に帰属するものであるから〈年金基金社会主義〉を唱え、資本に変って知識＝情報が企業にとつて最重要な要因となった事実に立って〈ポスト資本主義〉を唱導している。

3　預言者ドラッカー

資本主義とは。社会主義とは。そして現代とはいかなる社会か。それは、どのようにも論ずることが出来よう。どのようにも論ずることは出来るが、マルクスは過去の人となって仕舞っているであろうか。唯物史観のマルクスは過去のものとなったが、疎外論のマルクス・資本論のマルクスは過去のものとなったとは到底思えない。それどころか、マルクスはますます重要となりつつあり、マルクスが真実超えられることが重要となって来ているからである。それは、商品世界の深化・拡大であり、貨幣物神の神威の前に世界中の人間がいよいよ拝跪する世となって来たからである。

マルクスは企業を個別資本の運動と把えた。企業は、貨幣なくして存在しえない。貨幣が資本として調達され、貨幣でもって生産手段と労働力を商品として買い、それを生産的に消費して新しい商品をつくり、その商品を売って貨幣にかえる、その貨幣をまた同じ運動として循環させるという運動から企業は一歩たりとも逸脱することは出来ない。この貨幣運動こそ資本である。この運動の原理と法則をマルクス以上に明らかにした者はいない。そして、この運動の担い手として人間がいる。貨幣の所有者・商品の購買者・商品の販売者、資本運動の機能担当者である。

資本の循環運動において最も困難な過程は、生産された商品が販売せられ、より大なる貨幣として回収される過程すなわち商品の販売過程＝価値実現の過程である。この商品の貨幣への転化の過程を、マルクスは〈命がけの飛躍〉と表現している。この〈命がけの飛躍〉が実現しなかったら、それまでの全過程は失敗であり、資本の存続は不可能である。〈命がけの飛躍〉の過程が成功してはじめて資本は資本たりうる。

この資本が資本たりうるかどうかの〈命がけの飛躍〉を成功させることこそ、資本にとって決定的な重要事であり、ドラッカーは個別資本の循環過程の最終の過程であり、最も困難な過程を企業の目的であるとし、その過程を人間的に表現して〈顧客の創造〉こそ企業目的だと言明したのである。

しかも、個別資本は社会的総資本の一環であり、同種個別資本および他業種個別資本と存続をかけた競争をしている。勝って存続するか、敗者となって市場から退去を余儀なくされるかの〈命がけの飛躍〉競争は何によって決せられるか。それを決するものは、マーケティングとイノベーションである。このマーケティングとイノベーションこそ、顧客を創造する企業の二大機能だというのである。世は、マーケティングとイノベーションのサバイバル競争の時代となり、科学的管理競争の時代となった。

商品世界はキリスト教世界である。商品世界は、価値と貨幣と商品価値の三位一体の世界であり、価値法則のもとに商品価値の象徴・具現物としての貨幣を媒介として商品の全体が運動する世界である。そして、キリスト教は神と神の子イエス・キリストと諸個人の聖霊の三位一体の世界であり、人の子イエスはキリストとしての人間の神性の象徴・具現として神の子である。このキリスト教世界が、同じ論理をもつ普遍的な商品世界を現出させ現成させた。マルクスは言った。「ユダヤ教の神は貨幣であり、ユダヤ教の信仰行為は金儲けであり、キリスト教によって皆がユダヤ教徒になった」と。

ユダヤ＝キリスト教的人間観こそ自由＝責任ある選択であり、自由な人間、責任ある選択者こそ商品世界の人間の基本的な人間像である。個々人がそれぞれに商品の持ち手・貨幣の持ち手・資本の担い手として、自分の意思にもとづく責任ある選択すなわち自由な人間として行動する以外に商品世界は成立も存続もしえない。今、日本では、あらためて市場原理そして自己責任が声高く叫ばれている。

マルクスは資本運動の外部に立って、資本運動である企業をみていた。別の言い方をすれば、商品世界をロビンソン・クルーソーの視座から見つめていた。そして、「商品の貨幣への転化」を〈命がけの飛躍〉と表現したが、ドラッカーは同じ過程を〈顧客の創造〉と表現し、利潤追求は目的ではなく回収すべき費用だと言った。まさに、資本の魂をわが魂とし、より文学的に言えば貨幣物神の神意に感応し貨幣物神のお告げを神に代って人間たちに伝達する預言者こそドラッカーだ、と言うことが出来よう。だが、ドラッカーは貨幣物神の預言者であって、絶対なる神の預言者ではない。だから、貨幣物神のしろしめす商品世界・総資本の運動の世界は、人間の自己疎外の世界であり、失業と自然破壊と社会危機、「人間が労働から疎外され、生産物から疎外され、自然から疎外され、人間自体から疎外された存在」として、貨幣の動きに一喜一憂し、景気変動の波頭でおどり、失業し、自然破壊をくいとめることも出来ず、社会不安の深刻化をいかんともしがたい。

（１）　私は、ドラッカーを批判的にとりあげた論文「ドラッカー〈大量生産革命論〉批判」と「ドラッカー〈現代大企業論〉批判」を書き、『アメリカ経営思想批判――現代大企業論研究』（未来社、一九六六）の第五章・第六章として収めた。だか、やがてソ連邦の社会主義社会の現実認識とともに、ドラッカーに傾倒するにいたり、『ドラッカー――自由・社会・管理』（未来社、一九七一）を書き、おおむねその姿勢で次々に彼の書く著作に接し、いくつかの論文を発表してきた。そして、また次第に批判的な眼でみるようになった。彼の理論によって導かれて現出して来た現代の自然的・社会的環境の危機的状況の深化である。この稿は、はっきりとドラッカー理論の位置と意味を現代に立って確かめようとしたものである。

むすびにかえて
――疎外論小論――

ようやく終りとなってきた。要約し、科学的管理を疎外論の視座から把握する序奏を書き、稿を終えることにしよう。

資本主義の曙に生きたロビンソン・クルーソーは、資本主義の精神の体現者としてプロテスタントの熱い信仰と倫理の持ち主、言いかえれば禁欲と勤勉と合理的態度の象徴的人物である。だが、やがて彼は資本主義の発展・合理的生産組織の発展とともに信仰を失い豊かさに酔いしれ堕落してゆく存在と化す。こうウェーバーは把えた。

古典派経済学は、経済的価値の実体を労働に求め、ロビンソン・クルーソーをその象徴とも把え、スミスの『道徳情操論』をあげるまでもなく経済学は倫理・道徳と無縁なものとしては把握されていない。彼は利他心を内包した自利・自愛心を国富論の前提においている。だが、経済学はやがて価値の実体を労働に求めることをやめ、倫理・道徳とも絶縁した。人間は欲求充足的存在であり、欲求充足のために最大限に合理的な意思決定をする存在すなわち経済人仮説をもって、経済学という知識体系を精緻化した。大塚久雄は、〈経済人〉は鶏ガラのようになったロビンソン・クルーソーという表現をしている。独立自尊の信仰者が信仰を捨てたとき、単なる欲求充足の最大限の合理的意思決定の孤立的個人となる。市場とは、そのような孤立的個人の舞台であり、彼等がそれぞれに商品の持ち手・

貨幣の持ち手として、優勝劣敗を競うことによって成り立つ秩序の世界である。

さて、市場で生きる現代人は経済人として生きることを余儀なくされている。ロビンソン・クルーソーの末裔として生きているが、彼と違って信仰を喪失して仕舞っただけではなく、彼と明らかに異なった人間関係に立つ人間として生きている。現代人は、たしかに孤立的個人として市場に生きる存在であるが、同時に組織の一員として、たとえば企業・学校・行政体・病院・軍隊等々の内部において何等かの役割を果たす協働体系の一員として、またそれから財とサービスを得て生きている。協働体系＝組織体がドラッカーの言うように社会の構成的・決定的な制度となったのである。

協働体系をいかに維持するか、目的をいかに達成し構成員の貢献意欲をいかに高めるか、その組織維持のための学として二〇世紀の初頭テイラーの科学的管理が創り出された。人間の行為は個人的行為から組織的行為へと圧倒的に重要性を移行させてきた。優勝劣敗の市場原理のもとで組織が生き残る道は、組織目的に向かっての最大限の合理性の追求であり、具体的に言えばより進んだ科学＝技術の他に先んずる適用であり、イノベーションである。

テイラーは科学的管理の本質を、〈対立から協働へ〉と〈経験から科学へ〉の二本柱であると宣言した。学問は科学となり、科学は科学技術となった。科学的管理の最初の体系であるテイラー・システムは、作業の科学に立脚した課業管理の体系であるが、その象徴的人物がシュミットである。科学は機械・装置のハードの体系をつくり出し技術化するが、モデル・プログラム・マニュアルのソフトをつくり出して技術化する。科学化は数値化を同伴し数値化は序列化を伴い、序列化は序列的処遇を伴う。シュミットは銑鉄運搬作業の科学にもとづいてつくり上げられたマニュアルに従って四倍の作業量、一・六倍の賃金を稼いだ男であり、〈経験から科学へ〉のいわば人類史的な転換に登場する象徴的な人物である。シュミットは肉体労働者であり、作業における計画と執行の分離によっていわば機械的にマニュアル通りに動く人間であり、これを過去のモデルとして経営学は取り扱っている。だが、経営学を研究し教育する知識労働者の大学教授もまた、研究と教育とが科学的研究の対象となり、分類され、分析され、さまざまな評価基準のもとにマニュアル通りに数値的に把握され、評価され、処遇され、プログラム通りに動くようになりつつある。まさに現代のシュミットである。

独立自尊のロビンソン・クルーソーはやがて、〈鉄の檻〉ともいうべき組織の中で組織が科学的に管理せられ、組織が偉大な生産性と成果をあげ、豊かさの中で〈精神なき専門人・心情なき享楽人〉となり、人でなしと化すであろうとのウェーバーの予言は現実のものとなった。

テイラーの〈経験から科学へ〉は、ウェーバーの支配の三類型論と大きく重なるものがある。カリスマ的支配・伝統的支配・法的支配の理念型は、歴史的には現代を伝統的支配から法的支配への大きな流れと把握するものであり、その最終的段階と把握するものである。法的支配の純粋型は官僚制組織であり、その最終的帰結が科学的管理の出現である、とウェーバーは述べているからである。〈経験から科学へ〉というテイラーの言葉において、経験にもとづいてなされる行為世界がまさに伝統的支配の社会であり、科学の本質は law & rule であり、law & rule の意識的適用によってつくり出された技術によって行為する世界は、これ以上ない法的支配の実現である。テイラーは科学＝技術の恐ろしさについて無知であったわけではない。だが、彼の時代そして彼自身が技術者であったが故に、彼は科学＝技術を楽観視していた。これに対して、ウェーバーは目的合理性の追求、換言すれば機能性の追求は不可避的な人間性の喪失を伴わざるをえないと把握していた。ウェーバーのアメリカにおける追随者たちは、ウェーバーは官僚制の機能性を分析し論じたが自分達はウェーバーを乗り越え、官僚制の逆機能制を分析し、それを克服する方途を論ずるものだと自分達を位置づけた。それに続く経営学者たちは〈労働の人間化〉を論じ〈自己実現〉論の花を咲かせている。果たして、彼等は、ウェーバーを乗り越えた地平に立っているであろうか。

科学的管理の世界は、マルクスの死後およそ半世紀たって出現したものであり、彼は科学的管理をつくり出したテイラーも知らなければ、もちろんその象徴的人物であるシュミットも知らない。マルクスは、ウェーバーと違ってロビンソン・クルーソーを資本主義ないしは資本主義の成立を担った象徴的人間として取り上げたのではなかった。マルクスは彼を商品世界＝資本制生産社会の摩訶不思議を照射し、その神秘性・その秘密をとき明かす人物としてつれてきたのである。資本制社会の住人は、資本主義社会の矛盾たとえば失業・恐慌・バブルに悩み苦しむことはあっても、その社会の根底にひそむ転倒性、失業や恐慌やバブルに何故見舞われねばならぬかの究極の謎をとき明かすことは容易ではない。あたかもオーム信者の奇矯にして奇怪な振舞いは、信者世界に生きる人間にとっては至極当り前のものと受けとられており、信者以外にとっては誰の目にも奇怪なものと受けとめられるのと同じである。マルクスは、資本制社会の奇怪さ、その秘密を別世界の住人であるロビンソン・クルーソーによって語らせようとしたのである。ロビンソン・クルーソーは商品世界換言すれば貨幣物神の支配する世界である資本制社会の転倒性・その秘密を白日のもとにさらけ出すのに格好の人物として登場させられたのであった。

科学的管理は、ウェーバーのいう普遍的な合理化の時代の産物である。だが、それにつきるものではなく、資本制企業の現実資本の具体的姿態として産み出されたものであり、資本による労働の形式的包摂から実質的包摂へ進んだ画期的事態である。シュミットは勤勉な労働者であるが、彼は彼のもつ労働力を商品として売り、かわりに賃金＝貨幣を得て生活する。買い取られた労働力商品は生産的消費によって、新しい商品がつくられ、売られて利潤を伴った貨幣となって返ってくる運動である資本として機能する。この個別資本は低コスト競争下におかれており、その競争は科学的管理を生み出し発展せしめた。商品・貨幣・資本の運動は科学的管理を産み出し、科学的管理は資本の胎内で生まれ育ち資本を支えつつ発展していったのである。科学的管理といえども、貨幣物神支配の枠を一歩たりとも出ることは出来ない。この貨幣物神の謎を解き明かしたのがマルクスであり、彼以上の謎解きが出ないかぎり、われわれはその時までマルクスの知によらねばならない。

人間世界でのみ起こっている不思議の原因は人間にある。人間とは何か。人間は個的存在であると同時に社会的存在である。個的存在であると同時に類的存在であるという限りにおいては、人間も動物も異なるところはない。違うのは動物が本能のままに行動するのに対して、人間は限られた知をもち生存上の諸欲求を満たすのに労働するところにある。労働こそ人間存在の本質にかかわる。この労働は、個人的労働であると同時に社会的労働である。個人的労働は具体的な有用物をつくる側面であり、社会的労働としての側面から言えば誰か他人のためにつくるという関係的・抽象的側面である。

関係的・一般的労働の側面が、具体的に氏族のための、家族のための、村人たちのため、領主とその家臣のためというように誰の目にもはっきりしているときは、具体的有用労働と関係的・社会的労働の二側面は分裂し、対立していない。生産物をめぐる収奪的関係、対立関係はあったとしても、労働そのもの、生産物における二面性は分裂し対立してはいない。ところが、見ず知らずの他人のための市場目当ての商品生産社会においては、この労働の具体的有用労働と関係的・社会的・抽象的労働の二側面は分裂し、商品は具体的有用的な使用価値であると同時に関係的・社会的交換価値の二側面をもつものとなり、交換価値＝価値の結晶物・全商品と交換可能な特別な商品である貨幣が生まれ出る。人間労働の関係的・社会的・抽象的側面の結晶物たる貨幣によって、人間は経済生活の全てを営み、貨幣の運動である資本によって物は生産され流通され、貨幣の動向である価格動向・景気変動によって経済全般は左右され、更には資本そのもの・貨幣そのものが価格をもって世界中の人々が株価・為替相場に一喜一憂することになる。

人間にとって本質的な労働、その労働のもつ基本的な二側面が分裂し、その関係的・社会的側面・抽象的な側面が物象化して貨幣となり、貨幣は人間にとって外的な存在となり、人間の社会的側面である労働配分・資源配分を支配統制することになり、人間はそれによってのみ欲求を充足する貨幣物神の世界の市民となる。市民とは貨幣物神世界の住人であり、商品世界の住人以外に過去も現在も市民はいない。

この人間にとって本質的なものが、物象化し・外化し・そして人間に対立し・敵対化してくる現象を疎外・自己疎外という。独語の selbst 自分自身も fremd 敵も全く日常語であり、自己敵対化・疎外もまた日常語の延長である。自己疎外の selbstentfremdung は自己敵対化である。日本語の日常語にはこれまで疎外も自己疎外もなかった。日本語に無かったということは、これまで日本文化の中にこのような言葉をもって表現する事態が切実な問題として浮かび上ってはこなかったからである。そのような文化の日本であった。日本人は、この言葉＝翻訳語で、現代日本の諸現象をとらえることに、どれほどなじんでいるであろうか。

疎外・自己疎外という概念でもって現代組織を把えれば、どうなるか。人間は社会的存在であり、集団行動をする。動物もまたそうする。人間も他の動物も個であると同時に類であり、個的行動であると同時に社会的行動をする。集合的行動であり、集団的行動である。動物もそれぞれの類に応じた集団的行動をする。動物のそれは本能的であるのに対して、人間のそれは意識的であり意思的である。その集団はその内部と外部との境界をつくり閉鎖性をつくって団体となる。団体はそれぞれに団体意識・団体精神をもち、個人は個人意識と同時に団体意識・団体精神をもち、団体行動をとる。団体意識と団体行動の秩序が各人の心の内部でのみ意識され行動しているうちは、個人意識と団体意識との乖離はいまだ萌芽的である。その団体意識・団体精神に立脚した団体の秩序が団体の目的・規範・規約・役割分担・参加資格等々の諸規則が文書化せられ外化せられてくると団体精神が外化・物象化した客観的な体系として諸個人に敵対的な存在となり、自己疎外現象をひき起こす。諸規則の遵守が罰則規程を伴うとき、敵対化・自己疎外は誰にとってもはっきりしてくる。

バーナード流に言えば、集団的行動すなわち協働体系において、諸個人の行動をして協働的体系たらしめているのは組織である。組織は抽象物である。それは目的と伝達と貢献意欲の三要素のインタラクションである。はじめは諸個人の意識の中にあったこの三者のインタラクションが言語によって文書化され外化せられ、それ自体が自立的な存在として立ち現われたとき、組織は以前以後にわかれる。すなわち、協働体系において自己疎外現象が起こるのである。この組織維持の機能を専属的に担う人間が生まれたとき、疎外現象は誰の目にもはっきりして来る。バーナードは個人人格と組織人格の二者をもつものとして個人を把握し、その二者の分裂的意思の存在を指摘しているが、自己疎外的把握を積極的にしているわけではない(1)。彼の組織論は組織一般の理論であり、公式組織・成文組織論ではなかったからである(2)。

科学的管理そのものもまた、自己疎外の論理によって把えることが可能であり、そうしたら、いかなる世界が見えて来るであろうか。

人間は他の動物と同じように自然の一部であり、自然の一部として生き存在している。他の動物が本能にもとづいて生きるのに対して、人間は知をもち知を働かせ、目的意識的に生きる。その時、人間は目的達成のための手段を作り、手段を改善し進化発展させる。

手段には大きくわけて二種類がある。一つは物をつくるための手段であり、今一つは人間が人間と交わり社会的存在として生きるための手段である。前者は手足の延長としての道具であり、後者は頭脳・精神の延長としての言語・記号である。それ等はいずれも、人間の身体的延長ではあるが人間にとって直接的延長であり、完全に諸個人のコントロールのもとにある。それは外化・疎外の第一歩であるが、諸個人の完全なコントロール下にあるが故に、未だ疎外は潜在的であり、具体化し現実のものとはなってはいない。

手段が道具のレベルにとどまっている段階では、知は五感・身体・経験にもとづく知であり、その言語的表現にとどまっていた。その時代は長く長くつづいた。ところが、知の世界において学問が生まれ科学が生まれてきた。人間は自分の生きる世界をトータルに宗教的世界として生きてきたが、全体を分断し切断し、対象的事物としてどこまでも細分化し専門化し、対象把握の方法を限定して、そこにある法則性をつかみ出し、法則性を意識的に適用して技術として対象化・具体化することになった。知と行為が〈経験から科学へ〉と推移転換してきたのである。人類は新しい段階を進みはじめることになった。本来トータルな人間の知が分断され、引き裂かれ、部分が進化し、技術として外化し、人間に敵対化してくる。人間の本質たる知が、科学=技術となって外化し物象化し、巨大化して人間にたち向かって来る。

科学=技術によって、道具は機械・装置となった。機械・装置によって、人間は人間の行為において身体的制限を超えた。身体のもつエネルギー・パワーは化石燃料・原子力によって地球上の生き物の全てを一瞬にして死滅させるまでの力を得た。思うがままに新しい物質・素材をつくり出し、それが意図せざる結果をも招来して生物・人間におそいかかってきた。生き物それぞれがもつ根本的差異を遺伝子にありと発見して、その組みかえにより、どんな新しい生き物でも思うがままに創り出しうるようになった。人間もまたどのようにでもどんな人間でも創り出すことになった。そのおぞましさは想像を中断させる。

社会的動物である人間の人間交流・情報伝達は、道具段階では人間と人間との直接的な交流であり、人格と人格の直接的なふれ合い、全人格的な交流であった。だが、パソコン=インターネットという機器機構の出現は、諸個人の知をパソコンに入力・貯蔵・出力し、インターネットという伝達機構によって時間・空間の一切の制限を超えて諸個人と交信を可能にした。世界中の不特定多数の人と好きな時間に好きなだけ交信することが出来るようになったのである。

人間はあくまで自然の一部であり、自然の一部として体感して生き、人間と人間とが直接的に全人格的に交流する社会的存在である。道具を手段とし、経験・伝統によって生きる世界はなお自然の一部にとどまり神の恩寵に生きていた。それが現実世界であった。だが、科学＝技術によって神を捨てた人間は自然の一部であることを自ら捨て、限定せられた知の外化物たる科学＝技術のつくり上げた機械・装置・機構の手段的人工的世界の住人となった。その世界は、ヴァーチャル・リアリティの世界、ふざけて言えば神戸A少年のバモイドオキ神の世界である(3)。

ヤハウェは言われた。

一、われをおいて神はあらじ
二、なんじ、偶像を崇拝するなかれ
三、われの名を軽々しく口にするなかれ
四、六日働き、七日目を安息日とせよ
五、父そして母を敬い誇りとせよ
六、殺すなかれ
七、姦淫するなかれ
八、盗むなかれ
九、偽証するなかれ

十、隣人のもの一切を欲しがるなかれ

モーゼはヤハウェと共に四十日四十夜いた。パンも食べず、水も飲まなかった。そして、ヤハウェと契約の言葉の十戒を板の上に書いた。（旧約聖書　出エジプト記）

（1）組織の物神性論・疎外論の視座からする把握の試みを、私は既に「組織的物神論序説――バーナード『経営者の役割序文考』（鈴木和蔵先生古稀記念論文集『経営維持と正当性』（白桃書房、一九九〇、第一章）を発表している。バーナードの組織論はそのまま疎外論的再把握を可能にする理論展開・論述であるように、私には思える。この稿は副題で示しているように彼の主著の序文だけに限定して論じたにすぎない。

（2）拙稿「C・I・バーナードを越えて」中京経営研究・第九巻第2号。

（3）疎外論と随伴的結果論（拙著『随伴的結果』文眞堂、一九九四）とを、どのように関連づけるか、それは決定論と自由意思、必然と自由の問題でもあるが、この問題に全くふれることなく終るのは、いささか残念である。いずれ稿をあらためて論ずることになろう。そしてそれは、マルクスとウェーバー再考であり、K・レーヴィット『ウェーバーとマルクス』（柴田・脇・安藤訳、未来社）の提起した問題の私論でもある。

第五章　要約と提言

一　ロビンソン・クルーソーからシュミットへ
――経済学と経営学――

孤島に漂着したロビンソン・クルーソーが神に生かされて生きる充足の生活を生きた物語は、経済学・社会科学の象徴としてさまざまにとり上げられてきた。

古典派経済学は労働価値説の基礎として、マルクスは資本制生産社会における商品＝貨幣の物神性を照射する鏡としての役割を与え、またウェーバーは資本制生産社会成立の担い手として取り扱った。

大塚久雄は史家として、ロビンソン・クルーソーは、イギリスにおける初期資本主義の担い手であった農村の〈中産的生産者層〉の生産形態をモデルにしたものであることを明らかにし、マルクス・ウェーバーを援用して、ロビンソンをもって「資本主義の人間類型」であると論じ、近代経済学のよってもって立つ人間仮説〈経済人〉は血も肉もとり去られた骸骨のようになったロビンソンのなれの果てと喝破した。

大塚はロビンソンを資本主義の人間類型と把えたが、ウェーバーは彼を資本主義成立の担い手であり、資本主義の発展とともにやがて信仰を失って〈精神なき専門人・愛情なき享楽人〉に堕しゆく経過的人間と把握していた。大塚より半世紀も前の予言を大塚はどう受けとめたのか。どちらの把握が歴史の真実に迫っているか。

さて、経営学の象徴的人物として、私は科学的管理の象徴的人物としてテイラーによって描き出されたシュミットを把える。

科学的管理は、イギリスを凌駕して資本主義の先頭に立ったアメリカにおいて、アメリカ産業をリードした能率増進運動の中から、二〇世紀の初頭に生まれるべくして生まれてきた瞠目すべき管理様式であった。科学的管理を多くの人はテイラーが創り出した作業の科学にもとづく課業管理であるテイラー・システムと把え、また最近ではテイラー・システムの原理としての計画と執行の分離をテイラリズムとしてこれを科学的管理とする。だが、私は科学的管理研究者なら誰でも知っているがこれを積極的に取り上げようとはしない、テイラーの議会委員会における悲痛とも言える証言の〈精神革命〉こそ科学的管理であると把握する。

テイラーは自ら「科学的管理の本質」は〈対立から協調へ〉・〈経験から科学へ〉の精神革命であり、動作研究・時間研究を含めた作業研究も、課業の科学的標準化も、差率賃金制度等々も、いずれも仕組み、仕掛けであって、それらの個々のものは科学的管理ではなく、科学的管理の本質をなす二本柱が貫かれていて、はじめて科学的管理となる。そして、彼は科学を「科学とは収集し・分類し、分析し、法則・規則を発見し、それをもとに定式・定形化（マニュアル・プログラム等）すること」、と定義した。

想えば、〈経験から科学へ〉という宣言は人類史的出来事である。人間は人類として生まれて来て以来、人間の行為を経験にもとづいて生きて来た。経験に経験を重ね、経験にもとづく智によって生きてきた。数千年・数万年をそのような智に拠り伝統的な社会を進化させながら自然とともに生きて来た。その拠ってもって生きて来た経験知ににかわって、科学によって生きて行こうというのである。科学によって示された定式・定型により、マニュアル・プログラムに拠って生きて行こう。ここから、新しい人類史が始まる、と言うことも出来よう。そして、シュミットは科学がつくり出したマニュアル・プログラムによって作業をし、これまでの四倍の作業量、二倍弱の賃金を得た作業者第一号として、科学的管理の象徴的人物である。

経済学の象徴であるロビンソン・クルーソーは、独立自尊の行為者である。そして彼は自然とともに生き、神によって生かされそして自ら生きることを自覚し神の恵みを感謝し神に祈りを捧げる身心ともに充足して生きた人間である。ウェーバーは彼がやがて職業人となり、職業倫理に生き、やがて組織という鉄の檻の住人と化すと把握した。大塚は、ロビンソンから信仰をとり除き、勤勉・節約・合理的態度の人間像を抽出し、これを資本主義の人間類型とした。そして、近代経済学は更に抽象化し、最少の犠牲で最大の効果をあげる人間類型＝経済人仮説によって経済学をうちたて、この理論によって現代経済社会は説明され、諸施策が講じられている。

さて、経営学の象徴たるシュミットは、独立自尊の人間ではない。彼は工場労働者であり協働体系＝組織体の一員である。そして、現代に生きる全ての人間にして独立自尊の生活を送る者はいない。全ての人間が何等かの組織の一員として働き、組織の提供する財とサービスによって生きている。

ロビンソンは自ら何をどれだけ、どのように作るかを計画し、自らそれを実行し、自ら作った物によって生きた。だが、シュミットは他人のたてた計画にもとづいて働き、科学によってつくられた最少の犠牲で最大の効果をあげるマニュアル・プログラムに従って働き、四倍の成果をあげ二倍弱の賃金を稼ぎ、賃金によって生活物資を買うことによって生きる。シュミットは、分化・専門化された特定の作業・職務の担当者であり、マニュアル・プログラムによって行為せざるをえない人間である。自然の恵み、神の恵みを実感できない人間にとって、神に祈りを捧げることはない。彼にとって大事なのは金であり、いかに多くの賃金を稼ぐか、そしてその金でもっていかに欲求充足をするか、それだけである。

科学的管理は、科学を組織的に発展させ、それを技術化する。科学は単なる対象の法則発見の学から、目的達成のための科学＝技術となり、ハードとソフトの技術となった。行為の科学化・協働行為の科学化のシステムの第一号がテイラー・システムであり、それは作業の科学に立った課業管理の体系であった。科学的管理は人間の協働行動をその全体と部分を科学的に把握し、技術化してゆく体系である。シュミットは作業の科学がつくり出したマニュアル・プログラム通りに動くことによって、生産性を上げ高賃金を得た人間として描かれた、まさに科学的管理の象徴的人物であり、経営学の象徴的人物である。

さて、シュミットを科学的管理・経営学の象徴的人物と言うには、余りにも現実的であり、実際のテイラー・システム＝科学的管理の成立にかかわった実験材料的人物を修正した表現で描いて生々しい。それに対して、経済学の象徴としてのロビンソンは孤島に一人雄々しく生きた人物として牧歌的である。では、どうして、ロビンソンは孤島に一人生きた孤立的個人であるにもかかわらず、社会科学の象徴的人間、経済学の象徴的人間となりえたのか。シュミットとロビンソンはいかなる関係に立つのであろうか。ロビンソンの死んで約二世紀後に生きたシュミットは、どのような関係に立つのであろうか。マルクスそしてウェーバーのロビンソンの把握にそいながら再把握し、そして彼とシュミット、そしてこの二人を象徴的人物とする経済学および経営学のよってもって立つところを把え直してみたい。

想えば、孤島に一人生きた人間ロビンソンを多数の人間によって成り立つ社会を把えるのに適当な象徴的人物として把握すること自体が、果たして可能であろうか。日本にも、孤島に仲間が次々に死んでゆくなかを一人凄絶に生き抜き帰還を遂げた舟乗りを描いたノン・フィクションの名作、吉村昭『漂流』（新潮文庫）がある。ロビンソンより遥かに苦しい歳月を生き抜いたこの舟乗りは、読む者の心をとらえ、困難を生き抜く励ましと感動を与えてくれるが、社会科学のモデルには到底なりえない。

ロビンソンが社会科学のモデルたりえたのは、彼が資本主義の曙に生きた人間だったからであり、西ヨーロッパにおいて資本主義がプロテスタントによって担われて成立し来たり、彼が独立自尊の勤勉節約、合理的態度の信仰あつきプロテスタントであったからに他ならない。そして、資本主義は共同体の解体の上に成り立ち、各人が孤立的個人として、それぞれに商品の持ち手、貨幣の持ち手として結合し、最少の犠牲で最大の効果をあげようと努力し行動することによって成り立つ社会であるからである。

生産と消費が家族を単位とし、村落を単位として協働して営まれている共同体においては、最少の犠牲で最大の効果を目指して行動する経済人は共同体社会の象徴的人物たりえない。彼は、村八分になりかねない人物である。資本制社会＝市場社会は人間は孤立的個人として各人が経済人として行動することによってのみ結合し、社会が成り立つ社会である。だから、孤立的個人として生きたロビンソンは、資本制社会の、経済学の象徴的人物たりえたのである。

資本制社会の人間は、孤立的個人として最少の犠牲・最大の効果を目指す経済人として行動することによって他人と結合し、社会を成立せしめると言った。それがそうなるのは、各人が商品所有者として貨幣所有者として市場で結合するからであり、経済人として行動することによってのみ社会全体の需要と供給が調整せられ、人的・物的資源配分がバランスをとって自ら生産され再生産される構造となっている社会であるからである。

誰も意識的に計画し調整しないのに、需要と供給が市場においてバランスがとれ資源配分が適切になされるのは何故であるか。アダム・スミスは、よく知られるように「神の見えざる手」によって為されると言ったが、その全構造をほとんど完全なまでに描いたのが、マルクスである。彼は、資本制経済社会を把えるのに、経済人仮説に立つとは言わない。人間をここでは経済的範疇の担い手としてのみ取り扱うといって、経済的諸範疇を体系的に展開論述してゆく。商品・貨幣、資本、そして資本の何たるかを明らかにし、資本の運動法則を解明してゆく。需給のバランス・資源配分の自律的な構造が、資本の運動法則として描かれている。人間は個であるとともに社会的存在であり、人間が個であればあるほど他方において社会的存在たらざるをえず、社会的存在としての人間の外化物、人間の社会的存在としての人間の社会的労働の外化物、物象化物としての商品＝貨幣の法則に人間は従わざるをえず、孤＝個であればあるほど社会的存在物としての商品・貨幣・資本の法則に従わざるをえずして従う経済人として人間は生きるのである。

スミスの神の見えざる手、マルクスの貨幣の物神性の貫徹する社会の拡がりと深まりの進化は、本来の神を殺し、貨幣物神・資本物神のしろしめす社会の進化拡大である。資本制社会の物神的性格を照射する鏡として、商品も貨幣もなく、生産と消費のバランスを自らとり、心身ともに充足して生きたロビンソン・クルーソーを、マルクスはつれて来たのである。そして、ウェーバーは資本制社会の進展とともに、信仰あつきロビンソンは過去の存在とならざるをえず、神＝信仰を喪失して精神なき専門人、心情なき享楽人と化し、最少の犠牲で最大の効果をあげようとする欲望追求人の社会、それと知らず貨幣物神・資本物神のままに動く人間の社会の到来を予言し嘆いたのである。

シュミットは、資本制社会の発展を担った舞台がイギリスからアメリカに移り、産業資本主義から独占資本主義の段階に入って来た時代の最先端をゆく機械制工業の工場労働者である。彼は賃金労働者として工場に雇用され働き賃金を得て生活する。彼の生きる場はロビンソンの孤島と異なり、工場労働者であり、多数の人間の協働体系＝組織体の一員として管理―被管理関係の中の一員である。資本制生産社会は、社会的分業は神の見えざる手＝資本の運動法則によって無政府的・無計画・無統制的になされ、企業内分業は科学的に計画・統制される社会であり、シュミットはその企業内分業の一員として計画・統制の管理下に置かれた人間である。人間はもともと社会的存在であり、家族と村人とあるいは氏族の一員として、さらには祭や軍事の何らかの協働体系の一員として存在している。ロビンソンの状況こそ特別であり、異常である。シュミットが協働体系の一員であることには何の特別な意味はない。シュミットが特別な意味をもつのは、彼の属する協働体系の管理が科学的管理のもとにおかれた、その協働体系の一員であったことに意味がある。人間の行動、それも協働行動の一切が、次々に科学的分析の対象となり、そこで見出された諸法則に依拠して、その全体と部分の技術体系がつくり出され、その進化はとめどもなく進められている。

二　科学的管理とレーニンそしてウェーバー
——二人の予言は当ったたか——

科学的管理の画期的な意義をこれまで誰よりもよく把握していたのは、テイラーと同時代を生きたレーニンとウェーバーである。だが、経営学者をふくめほとんどが、科学的管理をテイラー・システムすなわち作業の科学にもとづく課業管理の体系であると把え、科学的管理を過去のものとして既に超えられたものとして取扱っている。だから、新たに研究の俎上に登ってきた人間関係の理論とそれに立脚した技法の展開によって過去のものとされ、あるいは流れ作業方式に立つフォード・システムとそれを支える技術と経営の思想体系であるフォーディズムの出現は科学的管理を完全に超えるものとした。フォーディズムの意義を重視して展開されたレギュラシオンは社会科学の思想流行となっているが、そこでも科学的管理は積極的にとりあげられていない。マルクス主義学者もウェーバー学者も、その例外ではない。

レーニンは、科学的管理を「資本主義の最高の達成」と把握した。彼は人類史を階級社会＝搾取社会から階級なき搾取なき自由で豊かな社会に二分出来ると把え、科学的管理を階級社会の最後の社会である資本主義の最高の達成としての搾取方式であり、生産力増大の決定的な武器であり、社会主義の成否は生産力増大の決定的武器である科学的管理をわがものとし発展させるかどうかにかかっている、と把握していた。そしてまた、科学的管理をテイラーが企業内分業のものとして考えていたのに対して、彼は企業内分業の枠を超え、資本主義の無政府的生産の社会的分業をも科学的管理のもとに置くのが社会主義であると把握していた。天才的な洞察というほかかない。

彼は、科学的管理を世界史的・人類史的な出来事と把握している。そして、彼の意思とは違った形で、彼の予言は当たった。科学的管理の発展の大号令を彼は発したが、それは資本主義国の発展に後れをとり、豊かさ競争そして官僚制組織の抑圧性の克服において敗れたが故に、新しい世紀を迎える前にソ連邦は崩壊した。テイラー以降の資本主義経済は、企業が科学的管理によって運営され、その発展において後れをとった企業が市場から姿を消すサバイバル競争体制となり、科学的管理競争の内在的刺戟は社会主義経済とは比較にならぬほど強烈だからである。

ウェーバーもまた、科学的管理を世界史的な次元において把握していた。彼の社会理解の武器である支配の三類型は、理念型であると同時に歴史理論であり、現代は伝統的支配から合法的支配の推進・展開の時代であり、合理化・合法化の普遍的に進化・拡大する時代であると把握される。そして、官僚制は〈合法的支配の純粋型〉であると把握し、近代国家は国家とともに資本制企業の官僚制化の進展する社会であると把握した。

ウェーバーは以上の認識に立って、「科学的管理は経営の機械化と規律化の最終的帰結の達成である」、と把握した。それは目的合理性の追求、機能性の追求、生産力の発展の最終的帰結である。だが、彼の科学的管理の意味付けはそれに止まらない。彼は官僚制を機能化が進めば進むほど抑圧の器としても強化されると把握していたから、科学的管理下の人間達は機能性追求をやめないかぎりは「古代エジプトの土民のごとく隷従に順応するばかりである」、と嘆いた。彼はレーニンの社会主義を、資本主義における公的な国家官僚制と私的な企業官僚制の一本化した逃げ場のない一元的官僚制＝抑圧の器の急速度の強化である、と言明していた。

ウェーバーの言明のように、官僚制は機能性と抑圧性のアンビバレントな存在であろうか。そして科学的管理は機能性追求の最終的なものであると同時に、組織＝管理がもつ抑圧性を並行的に増大させ、抑圧性を緩和・克服することが不可能なものなのであろうか。

レーニンもウェーバーも、ともに科学的管理をテイラー・システムの別名であると認識していない。二人の生きていた当時の科学的管理の具体的・現実的姿態であるテイラー・システムを通して科学的管理を把握していたが、同時にそれをこえてテイラーの意図の通りに〈経験から科学へ〉に立った管理として、科学の発展をどこまでも管理に適用し、管理を科学化するものとして科学的管理を把握していた。その科学的管理はテイラーの死後、そしてそれはレーニンとウェーバーの死後でもあるが、どのように発展して現在に至っているであろうか。

科学的管理は、経験による管理ではなく科学による管理である。科学とは、テイラーによれば、蒐集し、分類し、分析し、法則・規則を発見し、それを形式化することである。私は、この定義に蒐集にあたって対象を限定すること、そして分類・分析にあたって方法を限定すること、を付け加えたい。

この二重の限定なくしては法則・規則の発見は出来ない。したがって、発見した法則・規則の形式化・技術化もまたありえない。付け加えて言えば、法則・規則 law & rule は経験や勘によっても把えられる。そして、それによって成り立つものは技能であり、主観的なものにとどまる。技術は技能と異なって客観的なものであり、科学によって成り立つものである。

テイラー・システムは、作業を科学の対象とし、作業の動作研究・時間研究によって標準作業方法・標準作業時間・標準作業量・標準作業手段等を設定し、それを軸として展開した管理システムであった。この作業の科学は、それ自体あらゆる作業・仕事を次々に対象としつつ、その研究方法それ自体も進化し発展している。

科学的管理が、作業の次に新しい科学の対象として把握したのが、ホーソン実験を契機とした人間関係である。作業の生産性は作業条件の良否に比例し高下するだろうとの仮説のもとに照明の明るさと手作業の能率との関係を実証すべく始めた実験は、予期した結果を得ることなく失敗した。だが、何故この仮説の実証が失敗したかの追求の中から、作業員たちの勤労意欲は作業条件のよしあし以上に作業能率に関係することが発見され、勤労意欲が問題として浮上して来た。勤労意欲に関する大きな要因として、人間関係＝インフォーマル・オーガニゼーションが科学の対象とされ、経営社会学が成立し、経営心理学も成立してきたし、行動科学 behavioral Science もまた成立してきた。作業者の勤労意欲の問題は現在では動機とリーダーシップ論として、科学が科学らしく発展するための手法である数値化を伴った表示と技法をもって精緻化せられている。

インフォーマル・オーガニゼーションが科学の対象として研究され、それにもとづく諸種の経営技法の開発に続いて、フォーマル・オーガニゼーションが科学の対象となるに及んで管理論は新しい次元を迎えることになった。

インフォーマル・オーガニゼーション＝非公式組織が科学の対象となる以前から、フォーマル・オーガニゼーション＝公式組織は論じられ、その改善が積極的に押し進められていた。組織とは何かを根底的に問うことなく、組織は具体的な組織機構として把握されていた。伝統的な組織形態であるライン・システム＝分隊・小隊・中隊的な軍隊式組織に対して、作業の科学に立ったテイラーがライン・システムに対して、ファンクショナル・システム＝機能別職長組織を提起して最初の意識的な改善を行なったことを機縁として、組織研究は発展してはいた。だが、組織研究を科学のレベルに引き上げたのは、C・I・バーナードである。彼によって管理論は伝統的な管理の経験知に立って、それを整理叙述するにすぎなかった管理原則学派ないし管理過程学派の管理観は根底から覆され、彼によって近代的管理観はうち立てられることになった。

伝統的な管理観は人をして仕事をなさしめる、というものである。これに対してバーナードのたてた管理観は、管理とは組織維持機能であり、「組織とは二人以上の人の意識的に調整された活動や活力のシステムであり、そのシステムの要素は目的・伝達・意欲の三要素である」と定義した。そして、管理は、組織を環境に適応させることであり、管理の過程は目的の達成と貢献意欲の確保であると論じた。バーナードは更に管理行為の中核は意思決定であり、意思決定はオポチュニズム＝環境適応の側面と道徳性＝価値体系の側面の両者より成る過程であると把握して分析した。

バーナードによって新たな次元に立った管理は、H・サイモンによって意思決定の科学として展開されることになった。意思決定は事実前提（バーナードのオポチュニズムの側面）と価値前提（バーナードの道徳性の側面）の二者からなり、オルタナティヴの列挙とその評価と選択の過程として、明快な概念、過程として定式化され、それぞれに異なる複数の諸個人の意思決定を統一的な決定に向かわせる要因・条件の分析をすることによって、組織論を更に発展させた。

サイモン意思決定論のようにバーナード理論の発展として意識せられてつくられたものではなく、別の筋道からつくられたものではあるコンティンジェンシイ・セオリー＝環境適応理論によってバーナード理論の科学的内包は更に豊かになって来た。すなわち、組織維持のために組織を適応させる対象としての環境の分析・把握、すなわち環境が科学の対象とされ、環境の分類・分析が科学的管理の対象領域として科学化されて来たのである。

科学的管理は、テイラーによって生み出された二〇世紀の終末にいたって、ようやくその全貌をあらわしたかにみえる。すなわち、科学的管理は作業（仕事といってもいい）・フォーマルとインフォーマルの組織・環境・意思決定の要素とその全体をとり扱うものである。意思決定の要因は情報であるから、これを加えることも可能である。それは、個人と集団の述語的把握の科学であり、環境は自然と社会であり、社会のうち組織目的達成に直接的にかかわる要因は市場と技術と文化である。科学的管理の学を経営学というなら、経営学は社会諸科学の中枢であり、社会諸科学の中で最重要な学として成長して来ている。そのことが経営学者をも含めて社会諸科学にたずさわる人々にどれほど認識されているであろうか。

上述のアメリカを主とする資本主義諸国における科学的管理の発展は、社会主義諸国の追随を許さなかった。テイラー・システム段階の科学的管理がもつ生産性の水準は過去のものとして向上につぐ向上を重ね、さらにウェーバーが嘆いた官僚制組織がもつマイナスの側面である逆機能性、抑圧性もまた克服せられていった。

ウェーバーの指摘した、「科学的管理は機械設備の機械的運動に合わせて人間の有機的構造を機械的な筋力支出に強制する抑圧性」は、たしかに過去のものとして超えられていった。それは組織の〈機械的モデル〉として、人間関係論の出現によって生まれてきた〈動機的モデル〉、更には〈意思決定モデル〉によって克服せられた。すなわち、人間労働力は個人の身体に合体したものであるかぎり、個人の積極的意思によってのみその積極的支出は可能であるという認識は、従業員の作業意欲、作業動機をいかに高めるかの方式の開発を進めるからである。

ウェーバー学者たちは、ウェーバーは官僚制のもつ機能性については分析し論じたが、逆機能性については論じなかったとして、逆機能性、抑圧性の分析とその克服解決策を論じ、ネオ・ウェーバーリアンと称された。更には、人間の至高の境地を論じたマズローの欲求五段階説さえ管理の領域に引きこまれ、自己実現の管理さえ提唱され、普及される状況に立ちいたっている。このような状況は、ミッツマンの言うようにウェーバーの暗い未来展望の予測は彼の個人性格と彼の生きた時代（すなわち科学的管理のテイラー段階）に立って把握されたものにすぎない、と言う言説を当然生むことになる。果たして、ウェーバーの嘆きは過去のものとして葬り去ってよいものであろうか。テイラー・システムの象徴的人物として把えたシュミットは、愚鈍な力持ちで忍耐づよく、一ペニイ銅貨が車輪のように見えるシマリ屋で、言われるままに人の四倍働いて一・六倍の賃金を稼いだ嘲笑の対象として過去の人物としてよいであろうか。シュミットは、テイラー・システムの象徴的人物ではあっても現段階の科学的管理ないし経営学の象徴たりえない人物であろうか。否である。

科学的管理とは何であるか。それは経験によるのではなく、科学による管理である。管理とは何であるか、管理とは人間の協働行動に不可欠の機能である。それは、協働行動の目的達成と参加者の意欲確保の機能であり、人的・物的諸資源を目的達成のために秩序づける要因である組織維持の機能である。科学とは何か。目的と方法を限定し、蒐集し、分類し、分析し、法則・規則を発見し、それを形式化し技術化することである。法則・規則の合目的的に適用されたハードとソフトの技術、それはプログラム・マニュアルとして人間の行為を規制する。科学は数学と結合して、全てのものを数値化し、数値化は序列化を伴い、人間の処遇を含めて全てのものの取り扱いの基準となる。

シュミットは、彼の作業＝仕事である銑鉄運びの科学によってつくられたプログラム・マニュアル通りに働いて四倍の作業量一・六倍の賃金を得た人物である。彼の仕事は肉体労働である。現代の労働の主力は肉体労働ではなく知識労働である。知識労働の典型として大学教授の仕事と現状をとり上げてみよう。

大学教授の主たる仕事は研究と教育である。研究と教育はそれぞれに科学の対象としてデータが蒐集され分類され、分析され、法則・規則が見出され、それがマニュアル化されプログラム化される。大学教授たちは、研究と教育をそれぞれに科学的につくり上げられたプログラム・マニュアルに合わせて自己のそれを点検し、数値化し、評価し、反省・向上することを求められる。文部省は大学設置基準の第一条に自己点検・自己評価の制度を導入することを義務づけた。そして、文部省の外郭機関をもうけ、全大学、全教授の研究・教育を数値化・格付けし、それにもとづいて処遇しようとしている。大学教授は、現代のシュミット以外の何者でもなく、シュミットは現在なお科学的管理の象徴性を毫も失うものではない。

小・中・高もまた科学的管理のもとにおかれ、それは規則中心と、プログラム・マニュアルによって動かされる組織となり、一人一人の児童の心と体をすくすくと伸ばす本来の学校から遠くかけ離れた収容所と化しているかにみえる。フーコーの『監獄の誕生』の含意に想到する。それにしても、学校がイジメの場であり、それが黙認され放置される場と化した現状について文部省の役人は責任を感じないのであろうか。官僚は規則中心に動き、人間としては動かない。彼等は規則に忠実であり子供たちの痛切な叫びには非情である。

ウェーバーは、規則中心のピラミッド型組織を官僚制組織と把握したが、科学的管理とは科学によって発見されつくり出された規則中心の管理である。科学的管理下の官僚制組織こそ、現代における普遍的な組織であり、現代は、人間の社会的行為が行政も軍事も産業も医療も研究・教育も一切の人間の協働行為が科学的管理のもとにおかれた官僚制組織となっている。

だが、経営学は組織を容易に機能中心に把える視座から離れようとはしない。しかも、企業を主たる対象とすることから離れようとはしない。企業のマーケティングとイノベーションの市場サバイバル競争下の組織と管理を主たる対象とし、ようやくノン・プロフィット・オーガニゼーションの管理が昨今叫ばれ始めた。病院がとり上げられ始めたが、学校は未だ経営学者の対象外であり、いわんや、行政組織は対象外である。だが、時代は既に組織社会であり、人は組織で働き所得をえ、諸組織の提供する財とサービスをえて生きている。組織の管理、科学的管理こそ、現代人の生きる最重要課題といってよかろう。

ともあれ、ウェーバーは現代を普遍的な合理化進行の時代であり、比類なき機能性をもつ官僚制の時代であり、科学的管理下の官僚組織化の時代であり、それは機能性とともに抑圧性の進化・拡大する時代と把握し、その把握は現在なお色あせることなく、彼の予言通りとなりつつあるの感が深い。だが、彼による明るい未来の展望はカリスマの出現をまつほかない。

三　科学的管理の場

――ドラッカーとマルクス――

では、レーニンの提起した問題、すなわち資本制生産に伴う失業と資源の浪費を克服した科学的管理の社会の建設という問題は、ソ連邦をはじめとするソ連社会主義圏の崩壊とともに過去のものとなったであろうか。また、レーニンが継承したマルクスの言説も同時に過去のものとなったであろうか。マルクスの論述した『資本論』は現代には通用しない過去のものとなったであろうか。たしかに、彼の生きた時代の資本制生産社会は資本家対賃金労働者の階級社会であった。資本家の打倒による資本家からの解放が、労働者の搾取と抑圧と貧困を終わらせ、社会の圧倒的多数を占める労働者の自由と豊かさを実現する道であるかにみえた。そして資本家の打倒された社会、労働者の意思を代表するという独裁政党によって国家・軍隊・企業その他一切の組織を一元的官僚制に組み上げられた社会は、耐え難いものとして崩壊した。

マルクスは、既にウェーバーより早く官僚制組織はそれ自体が抑圧の器であることを論じ、その理論に忠実に「革命とは官僚制組織をAの手からBの手に移すことではなく、それを粉々に打ち砕くことだ」と言っている。だが、どの国のマルクス主義政党もこのマルクスの言説に耳を傾けることをしていない。

それはそれとして、現在における資本制生産は資本家対賃金労働者の階級図式によって把握される状況ではない。資本の所有者は、個人所有の縮少・分散とともに機関所有の拡大・集中の進行している状況にある。（拙著『財産の終焉』文真堂を参照されたい。）米・英における支配的所有者は年金基金であり、年金基金の構成員は労働者であるところから、ドラッカーはこの所有状況を年金基金社会主義と称し、日本においても銀行・保険等の機関が支配的ウェイトを占めている。機関は、特定目的をもった組織体であり、機関所有はその特定目的の遂行のみが法的に認可された組織体であるから、所有にもとづく支配は組織体＝機関の目的範囲を超えることは許されない。ドラッカーの年金基金社会主義なるネーミングも肯ける面がないわけではない。

想えば、二〇世紀の後半の五十年の企業世界に最も大きな役割を演じたのは、このP・ドラッカーである。彼はナチズム批判の思想家として登場した。

彼はユダヤ・キリスト教の伝統に立って人間の本質を自由にあると把え、自由とは責任ある選択であるとし、自分または自分の集団が絶対であり、優越するものであるとしたとき、他人を自分に従わせることのみが、そして従わぬ者を許さないことのみが善であるとし、そこには自由は成り立たない。

ヒットラー・ナチズムがそうであるとし、ソ連の体制もそのようなものであると把えた。

そして現代社会は既に資本家対賃労働者の階級社会ではなく、企業は資本家の致富手段から経済的制度であるばかりでなく統治的・社会的制度として、社会の決定的・構成的な制度となったとみる。企業の現実が既にこのようになったとすれば、企業の第一原則は利潤追求ではなく、この社会の決定的・構成的な制度たる企業を維持することこそ、現代社会の最重要事とされねばならないとした。こう把えると、利潤追求の意味は変質し、利潤は企業維持のために絶対不可欠なものとして回収されるべき費用となる。ドラッカーのこの把握は、資本主義始まって以来多かれ少なかれ利潤追求につきまとったマイナス・イメージを完全に払拭した。利潤追求は善となったのである。企業目的は利潤追求から顧客の創造にかわり、利潤は顧客創造の結果であり顧客創造の尺度であるとも把えられることになった。では、顧客はいかに創造するか、いかにすれば創造可能となるか。彼は顧客創造機能をマーケティングとイノベーションと把握した。彼のこの主張以来、世界中の企業は意識的なマーケティングとイノベーションのサバイバル競争の渦中に巻き込まれることになった。

しかも、彼は単なる文明批評家ではない。社会の決定的制度である企業がそのようなものであるとするなら、企業で働く人間のあり方こそこの社会における最重要事となる。そこで彼の独自の管理論が展開されることになる。すなわち、現代人すなわち企業従業員すこし拡げて把えれば組織参加者の管理のあり方こそ現代人の最重要事であり、それは企業ないし組織にとっての目的達成のための機能とともに、人間の本性たる自由の確保こそ管理の二本柱とすべきであるということになる。機能追求一本槍の一般の管理論著の立脚点と彼は異なる。しかも、彼はこの二者の統合を現実のものとする管理の具体的な手法体系を展開したのである。彼は、この自由と機能の両立に立つ管理体系をもって、テイラーの科学的管理を超克するものと位置づけた。

彼は言う。科学的管理の基本原理は計画と執行の分離であり、この原理はテイラー以降その後の管理論の発展にもかかわらず基本原理として貫かれている。しかし、人間の本性は自由であり、各人は意思決定の主体たるべきであり、各人の担う職務内容はそれぞれ計画と執行は分離されたものとすべきではなく、計画と執行の両者が統合されたものとすべきであり、各人が計画し・執行し・そして責任をもつように、職務設計すべきであるとした。そして、各職務がそのように設計された組織こそ、集権的組織ではなく分権的組織であり、それはまた各人が各単位組織が自ら目標をたて目標達成の手段、方法を計画・開発し・執行し・責任をもつ目標管理である。

顧客の創造、マーケティングとイノベーション、分権制と目標管理は、企業社会の流行語となり現実のものとなった。自由社会の基礎とも、これらの諸概念は把えられるようになった。マルキストはいざ知らず、マルクス自身の人間観は、ユダヤ＝キリスト教に立つドラッカーと同じ人間観であり、人間にとって自由こそ本質的な要因であると把握していた。そのマルクスは現代社会ないし現代企業をドラッカーと同じように把えるであろうか。

マルクスは企業を個別資本の運動と把え社会経済全体を総資本の運動と把握した。企業＝個別資本はG—W…P…W′—G′の産業資本とG—W′—G′の商業資本およびG—G′の金融資本の三者があり、いずれも投下せられた貨幣がより大なる貨幣として価値増殖する運動と把握し、個別資本の価値増殖の秘密を解き明かし、総資本の運動を構造的に解明し、社会における人的・物的資源の配分と各生産物の需給のバランスが計画統制者なしで生産・両生産される構造を明らかにした。市場原理とは何であり、市場原理の貫く根底と根拠を解明したのである。

市場原理を所与のものとして、市場原理を至高のものとして現代の多くの経済学者は取り扱う。彼等は市場構造の現実的動向は研究するが、その根底的構造は研究しない。その研究は誰もいまだにマルクスを超えていない。ドラッカーとてその例外ではない。

マルクスは、投下した資本＝貨幣がより大なる価値＝利潤を伴った貨幣として、復帰してくる最後の過程、商品が貨幣に転化する過程を、この個別資本の運動における最も困難な過程を〈命懸けの飛躍〉と表現した。この命懸けの飛躍の実現過程が販売過程であり、顧客創造の現実化の過程であり、それを可能にするものがマーケティングとイノベーションである。マルクスは言うであろう。ドラッカーは資本の魂をわが魂とし、資本運動の意思をわが意思とし、その意思を人間の言葉で人間たちに伝える役割を果たした預言者である、と。

そして、マルクスは続けて言うであろう。市場は神の見えざる手によって成り立つ、市場は人間が商品・貨幣・資本の経済的範疇の担い手として行動する場である、商品・貨幣・資本の価値世界の住人として人間が生きる世界であり、商品物神・貨幣物神・資本物神の信仰に生きる世界である。

貨幣物神の信仰に生きる世界の奇怪さ、転倒性を、孤島の自然の中で自然に働きかけ自ら労働配分しながら生活諸物資をつくり、心身充足した生活を神に感謝し祈りを捧げたロビンソンに、マルクスは対比してみよ、と言ったのである。そうしてみよう。

土地をもっていたら、どんな会社にだって銀行が金を貸し、地価が上り、いろんな会社が本業よりも土地を買っては売り、銀行はどんどん金を貸す。土地貸出しを規制したら、地価が下り、やり過ぎた会社が次々に倒産し、銀行が軒並みに倒産しかけ、その銀行に国が百兆円を超す金を出す。一方において失業者が増加し、公園ぐらしの中高年者が激増、ふり返ってみれば、夫も働き、妻も働き、大学生も高校生も中学生も働き、家庭崩壊、学級崩壊、少年犯罪の多発と恐怖。顧客の創造は、消費者をローン地獄に追いこみ、国家は景気回復といって住民の反対するような公共投資を国家財政のバランスを無視して支出、孫子の代の肩に赤字を背負わせる。銀行利子を限り無く下げて、預貯金を金融商品の売買に向かわせ、所詮それは投機であり、ギャンブルであるから、損をした者は自己責任と教育し誘導する。貨幣物神信仰の世界では、それは何も不思議なことではなく、そのような現象が人間にとって不自然極まりないことに気がつこうとしない。

マルクスは、人間の本質である労働の社会的側面が外化し、物象化し、貨幣として結晶することによって、貨幣が全てのものと交換可能なものとなり、人間が貨幣の意思に従って生きる資本制社会の経済法則を描いたが、同時に人間をして人間たらしめる労働が他人に売られ他人のものとなることによって、労働が疎外され、労働生産物が疎外され、労働諸手段から疎外され、自然から疎外され、人間が人間から疎外される論理を具体的な経済法則として資本法則を解明した。今人間は、企業という資本運動によって惹き起こされる自然環境破壊によって確実に危機に向かって進行しつつある。それはまた社会環境の危機へ向かっての確実な進行である。金が大事なのか、人間が大事なのか。貨幣物神信仰世界は、国家が信者の要望にこたえて貨幣運動の維持拡大のための政策をとる。

四　科学的管理の未来
――マルクス、ウェーバーを超えて――

ウェーバーの洞察の深さとその予言の適中を再確認しながらも、彼のいうニヒツの深化拡大をただカリスマの出現を坐して待つわけにはいかない。そしてまた、マルクスがレーニンを超えている思想の現実的意義を、唯物史観の歴史認識に立つことは出来ないが、物神性論・疎外論とそれに裏打ちされた自然法則のごとくに貫徹する資本法則の解明を、容易に捨て去ることは出来ないものと再認識する。われわれは、新しいミレニアムをいかに生くべきであるか、その答えは、経済学に求めることは出来ない。経済学は人間を最少の犠牲で最大の効果をあげるという経済原則に立って行動する存在であるという仮説に立って理論構成をする学にすぎないものであるからである。われわれは、その答えを経営学＝科学的管理に求めることが出来ると思う。何故なら、経営学は経済活動をする企業活動を対象として出発しながらも、個人を構成要素とする協働行為・あらゆる種類の協働体系・組織体をいかに維持運営するか、管理するかの学として脱皮して来た学問であるからである。経営学は全人仮説に立って始めて展開・体系化可能な学だからであり、全人仮説に立とうとする社会科学は他にないからである。そのことは、科学的管理の創始者F・テイラーによって既に認識せられており、彼はそのような意図をもって科学的管理を論じている。

テイラーは科学的管理の本質を精神革命であり、その内容は〈対立から協調へ〉、〈経験から科学へ〉の二者であるとした。そして、彼は単に科学に立っただけの技法や技術は人間に害を惹き起こす可能性があり、それが関与する全ての人に幸せをもたらさないもの、すなわち〈対立から協調へ〉の要素を具有しないものは科学的管理とは言わない、と断言している。だが、科学は対象と方法を限定し細分化・専門化しながら発展し、テイラーの言う〈対立から協調へ〉の要因は置き去りにして、次々に新しい分野の科学と技術を展開して来た。その個々の領域を深化させ、新しい領域の開発をそれぞれに事としてきた科学的管理＝経営学の流れを私は主流と名づける。この主流をなす経営学の流れに立つ経営学は、最終的には機能性追求の立場に立ち経済人仮説に立つことになる。

〈経験から科学へ〉の一本足に立つ多数派の主流に対して、〈経験から科学へ〉と〈対立から協調へ〉の二本足で立つテイラーの精神革命の主旨にそのまま従う本流ともいうべき科学的管理ないし経営学の発展がある。その流れに立つ学者はいずれも経済人仮説ではなく全人仮説に立ち、部分の専門化に向かうのではなく部分とともに全体を把握しようとする。それは全人仮説に立ち、部分＝科学とともに全体を統合的に把握しようとする立場の学問である。そしてこのような学問であって始めてウェーバーもマルクスも内包可能となると思われる。

この本流に立つM・P・フォレットの説く〈統合〉・〈全体情況の法則〉は金科玉条ともすべきものと思われる。一切のコンフリクトの解決は一方が他方を抑圧するのでもなく、妥協するのでもなく、両者の利害・意見の生かされる統合こそ最も機能的だとする理論、関係する全ての人々が納得できる意思決定をとく彼女の言説こそ、全ての管理者・経営者・政治家の座右の言とすべきである。彼女はテイラー協会の会員であり、科学的管理の推進者の自負をもっていた。

そして、意識的に全人仮説を立てぬ限り経営学は展開出来ぬと考え、その上に協働体系論・組織論・管理論の体系を構築したC・I・バーナードの『経営者の役割』は、企業だけではなく、病院も軍隊も学校も行政体も宗教団体、政治団体の全ての協働体系の基礎構造とその管理・運営の基本を説いたもので、この理論の発展の延長線上にウェーバー・マルクスの提起した問題の解決はある。

経営学の主流は、バーナードの出現により組織論を学び、彼を安易に超えようとした。その最たる者が、ノーベル賞をそれによって得たサイモンの意思決定論である。社会をどうするかは、組織体が政党・行政体・企業等々の協働体系＝組織体が、いかに行動するか、より端的に言えばいかに意思決定するか、の問題である。サイモンは、バーナードによって最初の大きな鍬のいれられた意思決定論に立って意思決定の科学をうちたてたが、その時意思決定の決定前提である事実と価値のうち、価値を捨象しなければ意思決定の科学は成り立たぬとしてこれを捨てた。価値の全てを捨てたのではない。機能という価値だけは残したのである。このことは、バーナードの全人仮説を捨て去って経済人仮説に帰ったということである。その時、彼は経済人仮説をリファインした。個人の知・情報は限りがあるので、最大基準で決定することは出来ないのであるから、満足基準で決定することになる。このような人間仮説すなわち経営人仮説を立てた。主流の経営学は経営人仮説に立つことにより、フォレットのいう統合は不可能となり、全体状況の法則にたつ意思決定の道をふさいだ。

さきに登場させたドラッカーは、自分の注目する経営学者はテイラー・フォレット・バーナードだけだと言う。彼もまた経営学の本流の巨人である。彼もまた先述のように人間の本質は何かを問い、自由＝責任ある選択であるとし、自由と機能の管理の理論＝技法を展開した。そして彼の説くところは世界中の経営者の指針となり、二〇世紀の後半は彼によってリードされたとさえ言える。だが、われわれは、彼の言説とそれによってもたらされたものの一切を肯定できるであろうか。

ドラッカーは、自由と機能の管理の理論と技法を展開した。だが、その自由は企業の内部にとどまるものであり、機能に従属する自由にすぎなかったように思われる。たしかに彼は企業内の従業員に自由を与えるシステムを構築した。それは、もともと彼のナチズム批判・全体主義批判により生まれたものであった。だが、戦後世界はテイラーの時代のような肉体労働者中心から知識労働者中心へと推移して来ていた。肉体労働者なら計画と執行の分離、高生産性をあげるマニュアル・プログラムの供与でよかった。しかし、知識労働者の取り扱いは肉体労働者と同じようにはいかない。知識労働者は、自分で何を為し、いかに為し、いかに成果をあげるかを自分で考えねばならない。そこで、労働者各人それぞれに為すべきことを選択し・実行し・責任を与えねば、効果は上らない。責任ある選択＝自由こそ、知識労働者の機能性向上の大原則となる。それを保証するのが分権制組織であり、目標管理体制である。

何故このシステムが批判されねばならないか。たしかに、この限りでは批難されるべきは毫もない。問題は企業活動の結果に関して生じる問題である。すなわち、企業活動の目的はドラッカーが言う顧客の創造であり、その成果達成は利潤を尺度として測ることであり、利潤をあげることが出来たかどうかが経営者の責任として問われるであろう。ドラッカーは、企業そして経営者に対してこれを社会的責任としてきびしく問う。それは、それでよしとしよう。だが、人間の行為には必ず求めた目的結果とともに求めざる随伴的結果が伴う。この随伴的結果に対する責任はどこまで問うべきであるか。

この随伴的結果の問題こそウェーバーの提起した問題であり、マルクスの物神性論・疎外論もまたこれと無縁ではない。この問題こそ、人間にとり協働体系そして管理にとって決定的に重要であることを指摘して、理論展開をしたのが、全人仮説のバーナードであった。

彼はいう。人間は動機にもとづいて目的を達成すべく行動するが、その時必ず意図することなく求めもしなかった諸結果が随伴する。この事実は「あまりにも明白なために無視されがちな事実であるが、この研究にとっては第一義的に重要なことである」と枕して、〈有効性〉と〈能率〉の概念をたて、彼の管理論の不可欠の概念としている。まず個人にとって、有効性とは目的として求めた結果が達成されたかどうかであり、能率とは求めた結果と求めなかった随伴的結果の全体が行為者個人にとって満足か不満足かを言う。求めなかった・意図しなかった随伴的結果は好ましいものもあれば好ましくないものもあろう。この能率の如何に行為者個人が行為を続行するかどうかはかかっている。

この有効性と能率の概念は、組織そして協働体系においては個人の場合と異なり、有効性の目的達成いかんはそのままであるが、能率の場合は協働体系のメンバーがこの組織体に参加を持続するかどうか、組織の提供する誘因と参加者の動機満足のバランスの問題として展開され、これが管理＝組織維持の二大要因となる。だが、ここにバーナード理論の限界がある。彼の立論の限りで批判すべきはないが、協働体系それ自体の求めなかった意図せざる随伴的結果がすっぽりと抜け落ちているところに、彼の理論の不徹底がある。

現下の自然環境破壊の進行ともろもろの社会不安の増大は、組織体が科学的管理をもって巨大・厖大な成果をあげた目的的結果に伴って生じた意図せざる求めざりし随伴的結果の集積である。目的的結果のみを追求することに終始してきた組織体が、この随伴的結果を願慮することをそれぞれにわが事とし第一義的に重要事として対応しないかぎり、随伴的諸結果の諸現象を対症療方的に対処するかぎり、次々に絶滅に追いこまれてゆきつつある他の諸生物と同じような運命を人類もまた辿ることになろう。私は、目的的結果とともに随伴的結果の両者に関する諸情報に立った複眼的管理をしないかぎり、環境危機を脱することは出来ないと考える。フォレットの言う全体状況の法則を現代風に具体化すれば、複眼的管理と言うべきか。

さて、ドラッカーである。さすがに、彼の視野の中に環境の問題・随伴的結果の問題は入っている。だが、彼が最も重視していた人間の本質、社会原則として掲げた〈自由＝責任ある選択〉の問題としてとり上げられ論じられていない。目的的結果をいかに達成するかに関する責任として管理論は展開されているのに、随伴的結果、意図せざるマイナス的結果に対する責任をいかに誠実に負い対処するかについては論ずる姿勢が十分に貫かれていない。

彼は公害を企業の副産物と言い、これをむしろビジネス・オポチュニテイと把え、克服不能ならその事業をやめるべきだと言った。だが、「イノベーションと企業家精神」を論じながら、イノベーションは必ず未知の随伴的結果を生ずるものであるにもかかわらず、それにいかに対応すべきかを論じない。「知識社会」、「情報社会」を論じながら、それに伴う随伴的結果を論じない、「経営者の正当性」を論じ、その基礎は道徳律にあると説きながら、責任倫理を強調していない。環境問題は経済学の問題として取り扱っている。

われわれもまた、ドラッカーと同じように自由にして機能する社会を求める。だが、その自由はあくまでも、それぞれの意思決定者がその意思決定の大きさ、重要性に応じた責任を負う、その遂行責任、報告責任、結果責任を負うものである。それは他人に自由を説き、自己責任を説きながら、自ら為す大きな決定の随筆的結果に対する責任に気付かないようなものであってはならない。

いささかくどいが、更に要約してみよう。

ウェーバーによって把えられたロビンソン・クルーソーの末裔は、ウェーバーの予言通りやがて鉄の檻＝官僚制組織の住人シュミットとして科学的管理のもとプログラム・マニュアル通りに行動し豊かに生きることになるとともに檻の抑圧に隷属する存在となった。そしてまたマルクスがロビンソン・クルーソーの眼で把えた資本制生産社会の転倒性はますます進行してきた。だが、貨幣物神信仰は世界中に拡大浸透してゆき、ロビンソンの眼で把えたマルクスの言説はソ連圏の崩壊とともに省みられること少なくなった。だが、失業と過剰生産、人間性の喪失と社会の不安、自然環境の破壊という自己疎外の状況は進んで止まるところを知らない。

支配類型論に立って、合法的支配の正当性の枠で官僚制そして科学的管理の機能性を論じ、その抑圧性をぞっとする言葉で指摘するに止めたウェーバーからすれば、カリスマの出現をまつ以来に未来はない。われわれはそれを待っているだけではすまない。マルクスの言説は、レーニンによって継承され現実化され、それが失敗したからと言って、マルクスの資本論をも葬り去ることは出来ない。

ウェーバーの説くところ、マルクスの説くところの積極的な側面を汲みつつ現代を克服し、新たな未来を展開しなければならない。その道はあるのか。ある。それが科学的管理である。

人間の協働行為を対象とする学が経営学である。協働行為、協働体系はその人的―物的要因を合目的的に秩序づけるものが組織であり、組織維持機能が管理である。そしてテイラー以降の現代に至るまでの管理は科学的管理であり、その発展・展開である。作業ないし仕事、フォーマルそしてインフォーマル組織・環境、意思決定と情報、以上が科学的管理が自己の対象として科学的に把握し管理せざるをえない領域として現在に到達して来ている。

経営学の主流はこの個々の対象の科学を機能的にとり扱って来た。意思決定の科学は決定前提の価値的側面を機能性に限定して、これを科学化した。機能性の追求は何を結果するか。合目的的な手段の追求であり、厖大・巨大なまた精緻な目的的結果の達成である。

だが、同時にテイラー以来、経済人・経営人仮説に立って経営学を構築しようとするのではなく、全人仮説に立ち、部分・要素だけではなくそれとともに全体を把握しようとする本流とも言うべき学統がある。この学統に立ちこの学統の発展線上にウェーバーそしてマルクスの指摘した問題をこえる道がある。

フォレットの統合・全体状況の法則、バーナードの全人仮説と求めた結果求めざりし結果の行為論、ドラッカーの自由（責任ある選択）と機能の統合論の現代的現実的発展の線上に、現代を明るい未来に導く道がある。そして、この学統の発展この学統の今日的役割は随伴的結果の概念を基礎的範疇として設定し、経済人＝経営人仮説に立って目的的結果のみを追求することなく、全人仮説に立って目的的結果とともに随伴的結果に関する情報の複眼的把握に立って意思決定し、その結果に対し責任をとる管理をすること以外にない。

マルクスの時代はもちろん、ウェーバーの時代なお個人は大きなウェイトをもっていた。資本家対労働者の時代であったのである。だが、今は違う。企業の支配的な所有者は個人から機関＝組織体に代った。あらゆる社会的行為が個人主導ではなく組織主導となって来た。組織の管理、組織の意思決定が社会を左右する時代となって来ている。組織がウェーバーの嘆きもマルクスの人類愛も、そして彼等が明らかにした社会認識も十分に情報としてインプットし、さらにそれを超えた夢を現実的に描き科学的意思決定、科学的管理をする以外にない時代に、われわれは生きている。

神ヤハウェは、人をとってエデンの園に置き、これをおさめ守らせられた。そして、神ヤハウェは人に命じて言われた。

「園のどの木からでも実を好きなだけ取って食べてよい。だが、善悪を知る木からはその実を食べてはならない。お前がその実を食べた時には、かならず死ぬであろう。」

あとがき

はじめ、「ロビンソン・クルーソーとシュミット」と題するエッセー風の短文を書こうとして、気軽にペンをとった。周知の経済学の象徴としてのロビンソン・クルーソーになぞらえられる人物を経営学で探せば誰であろうか、それはテイラーによって創り出された《科学的管理》に出てくるシュミットだ、と書こうとしたのである。それは経営学を学びはじめた頃から長く脳裡に育ててきたこと、十日せいぜい二週間もあれば十分だと気軽に書き始めた。一九九六年一月のことである。それが二〇〇〇年九月末の今、この「あとがき」を書き始めている。

この本の第一章「象徴としてのロビンソン・クルーソー」の初出は同じ題で『立教経済学研究』〈第五〇巻一号、一九九六年七月十日〉であるが、この稿は次のように書き起こしている。「本論は、〈ロビンソンとシュミット〉と題する稿、それも論ずる主たる対象はシュミットであるが、書き直したりするうちにロビンソンのところだけで長くなった。まず、その部分を発表させてもらう。」もちろん、本書では削除している。

ロビンソンの象徴性を、マルクス・ウェーバー・大塚久雄が語るところを紹介するこの稿を書き終えるころ、どこまで書かないと納まらないかが、自ら見えてきていた。マルクスはロビンソンに資本制社会の転倒性・物神性の秘密を解き明かす役割を与え、ウェーバーは彼に資本制社会の成立の担い手の象徴性を与えると同時に彼の子孫たちがニヒツへと転落するという予言をしている。二〇世紀の後半を生きてきたわれわれは、この二人の言説をどう受けとめるか。この問題から逃げるわけにはいかない。

想えば、私はこの問題を問題として、経営学を学んできた。はじめは資本論によって経営経済学を経営学として『個別資本論序説――経営学批判』（森山書店、一九五九年）を書き、やがてマルキシズム・社会主義を疑って〈組織〉・〈管理〉の問題に逢着し、経営学を組織論・管理論として学び始めた。ウェーバーを官僚制を中心にしながら読むようになった。『官僚制――現代における論理と倫理』（未来社・一九七三年）を書き、ここで、ウェーバーとともに、マルクスとレーニンの官僚制論をとり上げ人間と組織を問題とした。なおその頃、本書の問題をそのまま表白している論文「経営学の転生を求めて」（『別冊経済評論・社会科学への招待』一九七一年夏季号）を草している。この一文は、いくつかの本に転載されたが、拙著『人間の学としての経営学』（一九七七年）、改題増補されて『現代の学としての経営学』（講談社学習文庫版、一九八五年・新版が文眞堂版、一九九七年）に入っている。その章建ては、「1・マルクスとウェーバー、2・ドラッカーの管理論、3・バーナードの可能性」となっている。〈マルクス・ウェーバー、そして経営学〉というテーマを三〇年前に文章にして、そして今その問いに私はどれほど迫りえているかを、問い返す作業にならざるをえなかったのである。

その作業は、必然的に「象徴としてのロビンソン・クルーソー」に続いて、第二章「象徴としてのシュミット」（『立教経済学研究』第五一巻三号、一九九八年一月）となる。そこでは、シュミットが科学的管理の象徴として経営学の象徴的人物たりえていることが論ぜられる。そして、科学的管理の何たるか、その位置と意味を誰よりも深く広くつかみ出したレーニンとウェーバー、そして最初の問いをおしすすめるのにこれ以上ないこの二人の言説に関する論述を内容とする「科学的管理の世界」(『立教経済学研究』第五二巻第一号、一九九八年七月)が第三章として続くことになる。だが、これで終るわけにはいかない。レーニンによってマルクスが丸ごと継承されてはいないかぎり、そのことも含めて、マルクスを科学的管理にかかわらしめて語らないわけにはいかない。マルクスを現代において問い直さねばならない。それが第四章「科学的管理の世界・その2――マルクスと科学的管理」である。この章は、「マルクスとテイラー」(『中京経営研究』第八巻一号、一九九八年九月)を書いたが、あき足らず「科学的管理の世界――現代を根底的に問う」(『中京経営研究』第九巻一号、一九九九年九月)を書き、この二本をもとにしながら書いた。

なお、科学的管理は一般的には、テイラー・システムあるいはテイラリズムと把握されているが、テイラー自身のいう「精神革命こそ科学的管理の真髄だ」という発言を実質的に受けとめた科学的管理観を私は未だ見たことがない。私はこのテイラーの発言通りに受け止めること、そしてそこにその後の管理論を内包させるべきを論じた「科学的管理の現在――三つの概念とその射程」(『中京経営研究』第七巻一号、一九九七年九月)を発表し、科学的管理即経営学という主張を展開した。「象徴としてのシュミット」以降の論文は、これに依拠している。

なお、大塚久雄教授に関説して提起した問題は、きわめて大きい。日本人と社会科学の問題である。今のところ社会科学の一般理論としてこの本は書かれているが、特殊としての日本社会の理論として私は『家の論理・Ⅰ・Ⅱ』（文眞堂・一九九一年）を発表している。ユニバーサルな問題としての資本・組織・科学と文化の問題という枠組みだけでよいのであろうか。日本において、資本・組織・科学がもたらしつつある一切のプラスとマイナスに、とりわけマイナスの随伴的結果に対して日本人がいかに対処するかの問題をつきつめることによって大きく見えてくるものがあろう。

初出論文を書くに当って、多くの方々から貴重な御教示をいただき、少なからぬ方々から書物をお借りした。お名前を挙げないが、有難うございました。とりわけ、「象徴としてのロビンソン・クルーソー」には、小林昇・住谷一彦・水谷謙治・服部正治教授に御教示いただいた。断るまでもないが私の行論・論旨そのものとは全く関係ない。この稿を書くことにより、お送りいただいた藤田貞一郎教授の論攷など、ロビンソン研究の広がりと深さに驚かされた。諸先学に感謝したい。この稿が発表された同じ月に、大塚先生は逝かれた。御冥福を祈るばかりである。また、安藤英治教授の業績に触れている「科学的管理の世界・その1」について、同教授から「病を得て、論じ合う機会が当分やって来そうにない、まことに残念だ」、と丁寧な手紙をいただいた。しばらくして逝かれた。残念である。御冥福を祈る。

稿も揃い、一書にまとめる段階にきたころ、未来社田口英治さんが『ドラッカー、自由・社会・管理』（未来社、一九七一年）のことで来訪された。この本は、未来社から出してもらおう。未来社社長となられてすぐのころ急逝された小箕俊介さんの想いが、このように働いたとしか思われない。小箕さんの「三戸ゼミ二〇周年に思う」の一文を、ここに載せたい。

三戸ゼミ二〇年に思う

小 箕 俊 介

今から十六、七年前に初めて三戸さんとお会いするまで、〝純粋思想〟の崇拝者だった私は、まさかこの世で〝経営〟学者なる人種にお目にかかるなどとは予想もしていなかった。だから、私がたまたま三戸さんのお近くの清瀬旭ケ丘にいたというだけの理由で、社長から『経営学講義』(一九六五)の担当を命ぜられた時には、正直いってその仕事をするのが妙に後ろめたく、時には同僚たちの憐憫の嘲笑が空耳の中に聞こえたりしたものだった。商売や製造のこと、まして生の資本と連動し、企業にからめとられる学問なんか、というわけである。何より、経営・管理ときいただけで虫酸が走った。貸借対照表を「カシカリタイショウヒョウ」と読んで三戸さんをびっくりさせた時も、だから大して恥かしいとも思わなかった。まったく汗顔の至りである。

無知というものは恐ろしいものだと思う。その後たて続けに『アメリカ経営思想批判』(六六)、『アメリカ労務学説研究』(六八)、『ドラッカー』(七一)、『官僚制』(七三)、『大企業における所有と支配』(七三)、『公と私』(七六)と次々に力作を出し、賞もとり、フォレットその他の翻訳も意欲的に進めていって下さる過程で、私は三戸さんからかんで含めるようにして経営学のものの考え方を教えていただいた。所沢の御自宅でいいウイスキーのもてなしを受けながら、問いかけられ考えさせられ、結論へと導かれ、そしてその結論がまた問い直され、帰り道を秋津の駅まで送って下さって、時間があるとさらにホームのベンチで電車が来るまで話された。組織と人間の問題にかかわる、管理するものと管理されるものとの共通項を求め続けるこの学問のことで少しでもわかってきたかどうかわからないが、未来社というだんごのような小さな組織にいて、本当の組織の困難に取り組むこの学問への考えの及ばなかった独善と無知が何とも恥かしい。

三戸ゼミの二〇年には、学園紛争、公害、成田闘争など、六〇年安保以後の日本の諸矛盾が噴出し、知識人問題をともなう社会主義圏の問題も顕在化した。そのなかで三戸さんはマルクスの思想とその現実の実現形態との違いに絶望し、御自身の日常的に体験されたに相違ない「地獄のような」官僚制問題＝組織と個人の問題に遭遇されていたのだと思う。〃批判的経営学〃がドラッカーに移行しつつあった（と私の推測する）頃の三戸さんは今いったように実によく、悩ましげに、話された。一度、健康のためだといわれて所沢から私の家までお嬢さんと一緒に歩いて来られたことがある。腰に万歩計をつけておられた。無知で頭の固い私を相手に、自分のなかで斬り捨てられようとしている古い思想と生まれ出ようとしている新しい思想との狭間での苦闘、それを引き起こした思想と現実との矛盾をいつまでも、自分で自分を励まそうとするように話し続けられるのを、私は無力にもただ黙ってきいていたように思う。座禅の話をし、個と集団の理想的調和への願いを歌い上げた詩を新著のどこかに付したいと悩み、体をこわし、眼を手術されたのもこの頃だった思う。

すぐれた思想家はみんなそうであるが、三戸さんもまた解放の思想家である。それは、『社会科学への道』に収録された短い語らいのなかに肉声として響いている。マルクス、ドラッカー、ウェーバー、そして最近の日本人論や〃イエ〃論に至るまで、三戸学は大きく動き、体系化を拒み続けているとさえみえる（三戸さんは御自分を非「農夫型」、「狩人型」の思想家といわれたことがある）。しかし、貧困・階級からの解放としての変革のマルクス、社会主義官僚制からの解放としての批判のウェーバー、自由と機能との双心にもとづく理想の楕円構造を提唱した規範のドラッカー、そして〃イエ〃共同体の一員へという太い流れの根幹にある「解放」そのものは変わらない。

学園紛争の頃、学生の「反知性的行動」を忌避して、或いは紛争に疲労し絶望して大学を去った政治学の有名教授たちに三戸さんは厳しく、そして自らは教育者としてのもうひとつの使命を全うしようとした。荒廃し無力化した学生の精神を思いやる三戸さんは真剣そのものだった。しかし三戸さんにもまったく迷いがなかったわけではない。ゼミナール開筵二〇周年を迎えることができたのは、むしろ僥倖のたまものではなかったとさえ考える昨今である。

（一九八一年）

一書にまとめるに当り、それぞれの論文が独立したものとしても読める形で発表されているので、重複する部分を削除したりしたが、削除しきれてはいない。だが、問題意識は明確であり、その展開であることは、既に書いた通りである。田口さんの貴重なアドバイスにより、第五章「要約と提言」を書き加えた。くどいと思いつつ書いたが、校正をしつつ通読し、これによって本になった、の感がある。この終章をまず読んで、それから第一章から読んでもらった方がいいかな、と思ったりする。書名を「科学的管理の世界」と考えていたが、「科学的管理の未来」としたのも田口さんの提案によるる。よくなった。

上梓を目前にして思う。この本はどのように迎えられるであろうか。本書でも論じたように、学問が科学＝技術の科学となった。私が学び始めた頃、社会科学といえばマルクスであり、ウェーバーであった。だが今は違う。大勢は、対象と方法を限定し、それをどこまでも細分化し、専門化し、その成果を直ちに技術に転化させる科学・ハウツウ直接指向の学となってきた滔々たる流れの中にある。その流れこそ自然と社会の環境破壊の元兇である。その流れに抗する知の構築こそ、緊要な課題である。本稿が、流れに没し去らざるを願うや切。戦後をともに社会科学に生きた方々そして現実を直視しつつ生きておられる方々に、御批判がいただけるならこれ以上の喜びはない。

なき師友、そして教え励まし暖かく見守って下さった師・友・教え子の方々に心からなる感謝の意を表したい。今春ようやく私は大学の籍を離れた。お世話になった大学にあらためて感謝の意を表したい。大人物だった高橋守雄先生の熊本学園大学、新島襄の同志社大学、そして長く立教にいた。ここでは本書のテーマを抱き育てた。それを可能にしたのはこの大学が、母が熱い信仰をもっていた同じ聖公会の大学だったからであろうか。このテーマをこのようにまとめることが出来たのは、温和にして偉大な梅村清明そして御子息清弘先生によって現在をなしている梅村学園・中京大学のおかげである。接して大きな真言宗の森があり、登校した時は必ずこの森で般若心経を唱え、想を練った。人を育てる組織ほど大切なものはない。更に充実し、そこで生き学ぶ者に誇りと喜びをさらに与えられんことを。

おわりに、本に仕上げて下さった田口英治さん他未来社の方々、お世話になった西谷能雄氏の未だお目にかかっていない御子息・現社長西谷能英氏に、厚く御礼申上げる。

二〇〇〇年九月二四日

三戸　公

著者略歴
三　戸　　公（みと・ただし）
1921　山口県に生れる。
1954　九州大学大学院特別研究生終了
現在　立教大学名誉教授・中京大学名誉教授（経済学博士）
　　　経営哲学学会代表理事
著作　『ドラッカー』未來社，1971。
　　　『官僚制』未來社，1973。
　　　『公と私』未來社，1976（毎日出版文化賞）。
　　　『自由と必然―わが経営学の探求』文眞堂，1979。
　　　『財産の終焉』文眞堂，1982（経営科学文献賞）。
　　　『家の論理Ⅰ・Ⅱ』文眞堂，1991（経営科学文献賞）。
　　　『新版・現代の学としての経営学』文眞堂，1997。他，著書，訳書多数。

科学的管理の未来

2000年11月10日　初版第1刷発行

定価（本体2400円十税）

©著者　三　戸　　公

発行者　西　谷　能　英

発行所　株式会社　未　來　社
〒112-0002　東京都文京区小石川3-7-2
電話03（3814）5521（代）振替00170-3-87385

印刷＝スキルプリネット／装本印刷＝形成社／製本＝黒田製本
http://www.miraisha.co.jp/　Email:info@miraisha.co.jp
ISBN4-624-32163-4 C0034

三戸　公著　経営学講義　一二〇〇円

三戸　公著　官僚制　一八〇〇円

三戸　公著　公と私　一五〇〇円

三戸　公著　恥を捨てた日本人　二〇〇〇円

フォレット著
米田・三戸訳　組織行動の原理　四八〇〇円

タウン、ハルセー他著
三戸・鈴木・上田訳　賃銀論集　四五〇〇円

ウェーバー著
梶山訳・安藤編　プロテスタンティズムの倫理と資本主義の〈精神〉　四八〇〇円

安藤英治著　ウェーバー歴史社会学の出立　七八〇〇円

（消費税別）